日本留学試験（EJU）対策厳選書籍

数 学 コース1

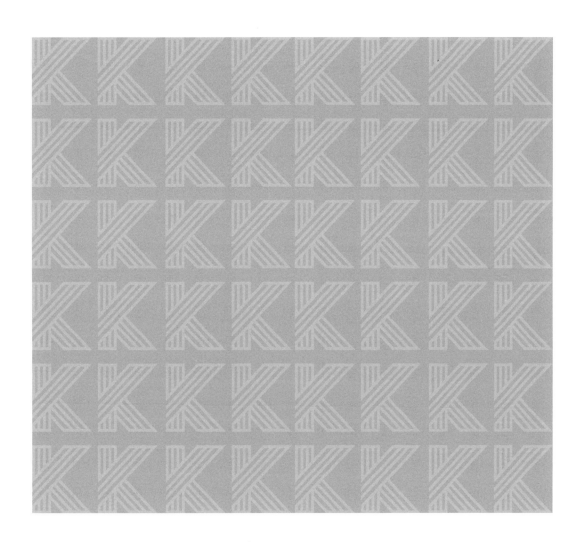

启程塾

はじめに

　地球上のどこにいても，私たちは世界各国と瞬時につながることができ，同時に私たちの生活や仕事も，直接，世界の影響を受けるようになっています。これこそがまさにグローバル社会であり，これからの時代，グローバル化はますます進展してゆくことが容易に想像できます。

　こうした社会の変化において国内外の諸課題等を読み解き，考察し，理解を深めるために，近年，海外留学を志す学生が増加しています。留学先として日本も人気の国の一つとなっています。

　本書は外国人留学生が，日本の大学入試に備えて，本格的に実力をつけようと考えている受験生のために開発された問題集です。

　日本の大学に進学を希望する場合，留学生を対象とした日本留学試験（EJU）を受験する必要があります。EJU 利用校は，大学 451 校，大学院 67 校，短期大学 90 校（2018年 12 月現在）など，ほとんどの教育機関で導入されています。

　試験科目は「日本語」「理科」「総合科目」「数学」の 4 科目からなり，「理科」は物理・化学・生物の中から 2 科目選択，「数学」は 2 つのコースから出願予定の大学の指定に従い，選択するようになっています。

　試験は 6 月と 11 月の年 2 回行われ，日本国内だけでなく，国外でも受験可能となっており，現在は世界 14 か国 18 都市で実施されています。

　啓程塾に通う塾生たちは，この EJU で高得点を取るために，日々，講義と演習を何度も何度も繰り返しながら勉強に励んでいます。

　そして，私たち，啓程塾の指導陣も，夢を叶えようとする受験生のために，EJU で過去に出題された問題を徹底的に分析し，出題形式・出題内容・問題レベルなどを研究しています。

　このような啓程塾の教育活動の集大成として，この度，本書の出版に至りました。

　本書は，出題形式・問題レベルなど，本番試験的中を狙って編集されています。

受験生のみなさんは本書の問題に触れながら，「知識レベルは足りているのか」，「出題形式に慣れているのか」，「解答速度は時間内に間に合っているのか」，など本番前の再確認として大いに役立てください。

　本書で学んだ一人でも多くの留学生が，当日，高得点を取り，希望の大学に合格し，未来のリーダーとしてのスタートラインに立てることこそが私たちの喜びです。

　また，啓程塾では最新の情報をホームページなどで掲載・更新しております。

　ぜひ，併せてご活用ください。

　啓程塾スタッフ一同，吉報をお待ちしています。

2021 年　春

本書について

■ 日本留学試験（EJU）について

　日本留学試験（EJU）は毎年 6 月と 11 月に行われ，試験科目は「日本語」および「理科」（物理・化学・生物），「数学」，「総合科目」です。

　「数学」は，日本の大学等での学習に必要な数学の基礎学力を測るための試験です。そこで，「数学」は 2 つのコースに分かれていますが，一般的には文系学生が「数学コース 1」を，理系学生が「数学コース 2」を選択します。志望する大学の学部の募集要項に従い，当日に受験科目を選びましょう。

　本書における数学用語や学習単元などは，日本の高等学校で使用される標準的な教科書に準拠しています。「数学コース 1」の出題範囲は以下の通りです。

1. 数と式
2. 2 次関数
3. 図形と計量
4. 場合の数と確率
5. 整数の性質
6. 図形の性質

■ 本書の使い方

　本書は，中国語での解説動画と日本語の文章による解説を収録しています。自分自身で解説を確認することで，勉強に役立ちます。本書は 10 回分の予想問題を収録しており，留学生が日本留学試験の形式に慣れるために十分な問題の量となっています。

　本試験と同じ時間，同じ解答用紙で問題を解いてみましょう。解答後は正解を確認し，間違えたところを整理したうえで，不得意なところを繰り返し勉強してください。最後に，実力をもって本試験に臨みましょう。

中国語動画解説の視聴方法

STEP 1

はじめに，WeChat（微信）で上記の
QR コードをスキャンします。

STEP 2

一番下にある「启程在线」をクリックします。

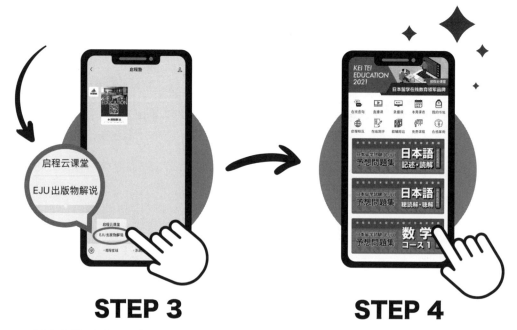

STEP 3

「启程在线」をクリックすると，
「EJU 出版物解説」が表示されます。
「EJU 出版物解説」をクリックします。

STEP 4

視聴したい科目を選んで，解説動画で学習
しましょう。

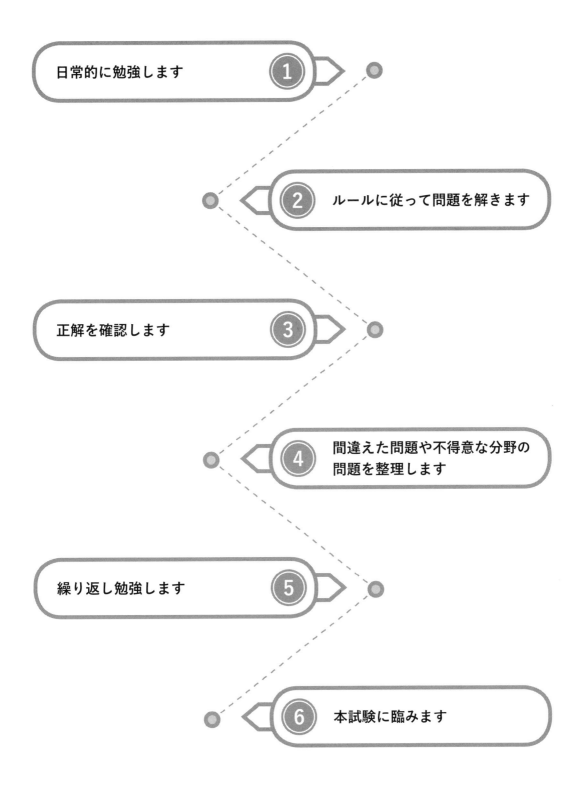

1. 日常的に勉強します
2. ルールに従って問題を解きます
3. 正解を確認します
4. 間違えた問題や不得意な分野の問題を整理します
5. 繰り返し勉強します
6. 本試験に臨みます

日本留学試験（EJU）数学コース1　予想問題

目次

付録

第①回

（制限時間：80分）

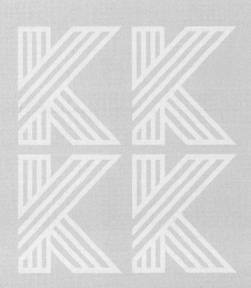

I

問1　a を実数とし，2次関数

$$f(x) = ax^2 + x + \frac{1}{4a^2}$$

について考える。

(1)　$y = f(x)$ の頂点の座標は

$$\left(\frac{-1}{\boxed{\text{A}}\,a}, \ \frac{1}{\boxed{\text{B}}\,a^2} - \frac{1}{\boxed{\text{C}}\,a} \right)$$

である。

(2)　(1) で求めた頂点の座標を $(p, \ q)$ とおくと

$$q = p^{\boxed{\text{D}}} + \frac{\boxed{\text{E}}}{\boxed{\text{F}}}\,p$$

が成り立つ。

(3)　次の文中の $\boxed{\text{G}}$，$\boxed{\text{H}}$ には，下の選択肢 ⓪ 〜 ⑦ の中から適するものを選びなさい。

(2) において，a が $a \geqq 1$ の範囲で動くとき，p, q のとり得る値の範囲は，それぞれ $\boxed{\text{G}}$，$\boxed{\text{H}}$ である。

⓪ $0 < p \leqq 1$　　① $0 < p \leqq \dfrac{1}{2}$　　② $-1 \leqq p < 0$　　③ $-\dfrac{1}{2} \leqq p < 0$

④ $0 < q \leqq \dfrac{1}{2}$　　⑤ $0 < q \leqq \dfrac{3}{2}$　　⑥ $-\dfrac{1}{16} \leqq q \leqq \dfrac{1}{2}$　　⑦ $-\dfrac{1}{16} \leqq q \leqq 0$

-計算欄 (memo)-

問 2　箱の中に 1 から 9 までの数字が書かれたカードが，それぞれ 1 枚ずつ，計 9 枚入っている。この箱の中から 3 枚のカードを同時に取り出す。このとき，取り出されたカードの 3 つの番号について，次の各事象の確率を考えよう。

(1)　3 つの番号がすべて偶数である確率は $\dfrac{\boxed{\text{I}}}{\boxed{\text{JK}}}$ である。

(2)　3 つの番号に奇数が含まれる確率は $\dfrac{\boxed{\text{LM}}}{\boxed{\text{NO}}}$ である。

(3)　3 つの番号がすべて 6 以下である確率は $\dfrac{\boxed{\text{P}}}{\boxed{\text{QR}}}$ である。

(4)　3 つの番号のうち最大の数が 7 以上である確率は $\dfrac{\boxed{\text{ST}}}{\boxed{\text{UV}}}$ である。

(5)　3 つの番号に奇数が含まれ，なおかつ 3 つの番号のうち最大の数が 7 以上である確率は $\dfrac{\boxed{\text{WX}}}{\boxed{\text{YZ}}}$ である。

-計算欄 (memo)-

I の問題はこれで終わりです。

II

問1　2つの実数 a, b があり

$$a = 2+\sqrt{3}, \quad ab = -\sqrt{3} \quad \cdots\cdots \quad ①$$

である。

(1)　①より

$$b = \boxed{\textbf{A}} - \boxed{\textbf{B}}\sqrt{\boxed{\textbf{C}}},$$

$$3a^2 - b^2 = \boxed{\textbf{DE}}\sqrt{\boxed{\textbf{F}}}$$

である。

(2)　b を超えない最大の整数は $\boxed{\textbf{GH}}$ である。

(3)　x についての不等式

$$bx > 3a - \frac{b^2}{a}$$

の解は，$\boxed{\textbf{I}}$ である。ただし，$\boxed{\textbf{I}}$ には，次の選択肢⓪〜⑦の中から適するものを選びなさい。

⓪ $x > 12\sqrt{3}$　　① $x < 12\sqrt{3}$　　② $x > -12\sqrt{3}$　　③ $x < -12\sqrt{3}$

④ $x > 24$　　⑤ $x < 24$　　⑥ $x > -24$　　⑦ $x < -24$

-計算欄 (memo)-

問2　a を実数とし，x の 2 次関数

$$f(x) = 2ax^2 + (2a+1)x + a$$

$$g(x) = -ax^2 - x - 1$$

について，次の問いに答えなさい。

(1)

$$f(x) - g(x) = \boxed{\text{J}}\, ax^2 + \boxed{\text{K}}\,(a + \boxed{\text{L}}\,)x + a + \boxed{\text{M}}$$

である。

(2)　(1) を用いると，2 つの放物線 $y = f(x)$，$y = g(x)$ が共有点を持たないような a の値の範囲は $\boxed{\text{N}}$ である。ただし，$\boxed{\text{N}}$ には，次の選択肢⓪〜⑦の中から適するものを選びなさい。

⓪ $-1 < a < \dfrac{1}{2}$　　① $-1 \leqq a \leqq \dfrac{1}{2}$　　② $a < -1,\ \dfrac{1}{2} < a$

③ $a \leqq -1,\ \dfrac{1}{2} \leqq a$　　④ $-\dfrac{1}{2} < a < 1$　　⑤ $-\dfrac{1}{2} \leqq a \leqq 1$

⑥ $a < -\dfrac{1}{2},\ 1 < a$　　⑦ $a \leqq -\dfrac{1}{2},\ 1 \leqq a$

-計算欄 (memo)-

(3)　次の文中の $\boxed{\text{O}}$ には，下の選択肢⓪〜⑤の中から適するものを選び，他の $\boxed{}$ には適する数を入れなさい。

(1) を用いると，すべての実数 x に対して $f(x) > g(x)$ が成り立つような a の値の範囲は

$$a \boxed{\text{O}} \dfrac{\boxed{\text{P}}}{\boxed{\text{Q}}}$$

である。

また，$a = \dfrac{\boxed{\text{P}}}{\boxed{\text{Q}}}$ のとき，2 つの放物線 $y = f(x)$, $y = g(x)$ の共有点の座標は

$$\left(\boxed{\text{RS}}, \ \dfrac{\boxed{\text{TU}}}{\boxed{\text{V}}} \right)$$

である。

$$⓪ \ = \quad ① \ \neq \quad ② \ > \quad ③ \ < \quad ④ \ \geqq \quad ⑤ \ \leqq$$

-計算欄 (memo)-

Ⅱ の問題はこれで終わりです。Ⅱ の解答欄 **W** 〜 **Z** はマークしないでください。

III

x, y は整数であり，

$$x^3 + 2x^2y - x^2 + 2xy + 4y^2 - 2y = 44 \quad \cdots\cdots \quad ①$$

を満たすとする。

(1)　①の左辺を，y について整理することを利用して因数分解すると

$$\left(x^{\boxed{A}} + \boxed{B}\,y\right)\left(x + \boxed{C}\,y - \boxed{D}\right)$$

となる。

(2)　次の文中の $\boxed{G}$，$\boxed{H}$ には，下の選択肢⓪〜⑤の中から適するものを選び，$\boxed{E}$，$\boxed{F}$ には，適する数を入れなさい。

　　$x^{\boxed{A}} + \boxed{B}\,y$，$x + \boxed{C}\,y - \boxed{D}$ は整数であるから，①より 44 の約数であり，これらの差を計算すると

$$\left(x^{\boxed{A}} + \boxed{B}\,y\right) - \left(x + \boxed{C}\,y - \boxed{D}\right) = x\left(x - \boxed{E}\right) + \boxed{F}$$

となる。この差を d とおくと

$$d\text{の符号については，}\boxed{G}\text{。}$$

$$d\text{の偶奇は，}\boxed{H}\text{。}$$

⓪ $d > 0$ である　　① $d < 0$ である　　② $d = 0$ である

③ 偶数である　　④ 奇数である　　⑤ わからない

-計算欄 (memo)-

(3)　(2) を利用することにより，①を満たす x, y の組を求めると，

$$(x,\ y) = \left(\boxed{\text{I}},\ \boxed{\text{J}} \right),\ \left(\boxed{\text{KL}},\ \boxed{\text{M}} \right)$$

である。

-計算欄 (memo)-

Ⅲ の問題はこれで終わりです。Ⅲ の解答欄 **N** ～ **Z** はマークしないでください。

IV

三角形 ABC において,

$$AB = 6, \quad AC = 3, \quad \angle BAC = 120°$$

であり，頂点 A における内角の二等分線，外角の二等分線が直線 BC と交わる点を，それぞれ図のように D，E とする。

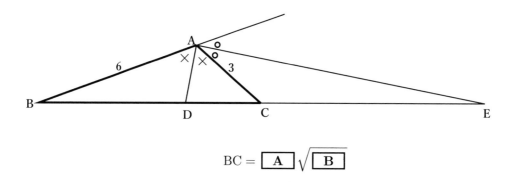

$$BC = \boxed{\textbf{A}}\sqrt{\boxed{\textbf{B}}}$$

である。また，線分比を考えると

$$BD : CD = \boxed{\textbf{C}} : \boxed{\textbf{D}}, \quad BE : CE = \boxed{\textbf{E}} : \boxed{\textbf{F}}$$

であるから,

$$DE = \boxed{\textbf{G}}\sqrt{\boxed{\textbf{H}}}$$

である。

-計算欄 (memo)-

-計算欄 (memo)-

次に，$\triangle \text{ABD} + \triangle \text{ACD} = \triangle \text{ABC}$ を用いると

$$\text{AD} = \boxed{\text{I}}$$

が求まる。ただし，「$\triangle \text{ABC}$」とは三角形 ABC の面積を表す。他の三角形についても同様である。

さらに，$\angle \text{DAE} = \boxed{\text{JK}}^{\circ}$ であるから

$$\text{AE} = \boxed{\text{L}}\sqrt{\boxed{\text{M}}}$$

である。

三角形 ADC，三角形 ADE の内接円の半径をそれぞれ r_1，r_2 とおくと

$$r_1 = \frac{\boxed{\text{N}}\sqrt{\boxed{\text{O}}} - \sqrt{\boxed{\text{PQ}}}}{\boxed{\text{R}}}$$

$$r_2 = \boxed{\text{S}} + \boxed{\text{T}}\sqrt{\boxed{\text{U}}} - \boxed{\text{V}}\sqrt{\boxed{\text{W}}}$$

である。

-計算欄 (memo)-

Ⅳ の問題はこれで終わりです。Ⅳ の解答欄 **X** ～ **Z** はマークしないでください。

コース1の問題はこれですべて終わりです。解答用紙の Ⅴ はマークしないでください。

解答用紙の解答コース欄に「コース1」が正しくマークしてあるか，

もう一度確かめてください。

この問題冊子を持ち帰ることはできません。

第②回

（制限時間：80分）

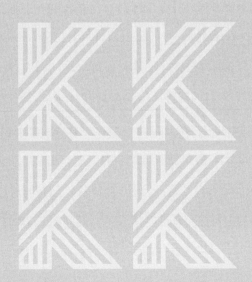

$$\boxed{\text{I}}$$

問1　x の2次関数 $y = -2x^2 + (a+3)x + a - 3$ (a は実数) のグラフ C について考える。

(1)　C が x 軸と異なる2点で交わるための a に関する条件は，$\boxed{\text{A}}$ である。ただし，$\boxed{\text{A}}$ には，次の選択肢 ⓪〜⑨ の中から適するものを選びなさい。

⓪ $a > 3$　　　　① $a < 3$　　　　② $-5 < a < 3$

③ $-5 \leqq a \leqq 3$　　④ $a < -5,\ 3 < a$　　⑥ $a \leqq -5,\ 3 \leqq a$

⑤ $-15 < a < 1$　　⑦ $-15 \leqq a \leqq 1$　　⑧ $a < -15,\ 1 < a$

⑨ $a \leqq -15,\ 1 \leqq a$

(2)　(1) のとき，C と x 軸の交点を A，B とし，C の頂点を P とする。三角形 ABP が直角二等辺三角形となるとき，線分 AB の長さは P の y 座標の $\boxed{\text{B}}$ 倍であるから，a の値は

$$a = \boxed{\text{CD}} \pm \boxed{\text{E}} \sqrt{\boxed{\text{FG}}}$$

である。

$a = \boxed{\text{CD}} + \boxed{\text{E}} \sqrt{\boxed{\text{FG}}}$ のとき，P の座標は

$$\left(\boxed{\text{HI}} + \frac{\sqrt{\boxed{\text{FG}}}}{\boxed{\text{J}}},\ \frac{\boxed{\text{K}}}{\boxed{\text{L}}} \right)$$

である。

-計算欄 (memo)-

問 2

　円を 10 等分する点に，0〜9 の番号が振られている。この 10 個の中から異なる 3 点を選び，それらを頂点とする三角形を作る。

　次の (1)〜(5) の各問いに答えなさい。

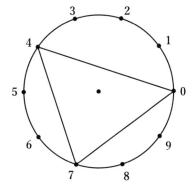

(1)　三角形の総数は $\boxed{\text{MNO}}$ である。

(2)　二等辺三角形の個数は $\boxed{\text{PQ}}$ である。

(3)　直角三角形の個数は $\boxed{\text{RS}}$ である。

(4)　鈍角三角形の個数は $\boxed{\text{TU}}$ である。

(5)　鋭角三角形の個数は $\boxed{\text{VW}}$ である。

-計算欄 (memo)-

Ⅰ の問題はこれで終わりです。Ⅰ の解答欄 **X** ～ **Z** はマークしないでください。

II

問1　$a = \dfrac{\sqrt{5}+\sqrt{2}}{\sqrt{5}-\sqrt{2}}$ とし，x の関数

$$f(x) = |x-5| + \left|x - \frac{13}{3}\right| + |x-a|$$

を考える。

(1)

$$a = \frac{\boxed{A} + \boxed{B}\sqrt{\boxed{CD}}}{\boxed{E}}$$

であるから，大小関係 $\boxed{F}$ が成り立つ。ただし，$\boxed{F}$ には，次の選択肢 ⓪〜② の中から適するものを選びなさい。

$$⓪ \ a < \frac{13}{3} \qquad ① \ \frac{13}{3} < a < 5 \qquad ② \ 5 < a \ \cdots\cdots \ ①$$

(2)　x が実数全体で動くとする。$y = f(x)$ のグラフを考えると，$f(x)$ は $\boxed{G}$ のときに最小となることがわかる。ただし，$\boxed{G}$ には，下の選択肢 ⓪〜⑤ の中から適するものを選びなさい。

$$⓪ \ x = 5 \qquad ① \ x = \frac{13}{3} \qquad ② \ x = a \qquad ③ \ \frac{13}{3} \leqq x \leqq 5$$

$$④ \ 5 \leqq x \leqq a \qquad ⑤ \ a \leqq x \leqq 6 \qquad ⑥ \ \frac{13}{3} \leqq x \leqq a \qquad ⑦ \ a \leqq x \leqq \frac{13}{3}$$

-計算欄 (memo)-

(3)　次の文中の $\boxed{\textbf{O}}$ には，下の選択肢⓪〜⑤の中から適するものを選び，他の $\boxed{}$ には適する数を入れなさい。

x が任意の整数値のみをとるとする。関数 $f(x)$ の増減と①の大小関係により，$f(x)$ が最小となる x の値は

$$x = \boxed{\textbf{H}} \text{ または } \boxed{\textbf{I}} \text{ (ただし, } \boxed{\textbf{H}} < \boxed{\textbf{I}} \text{ とする)}$$

以外にはないことがわかる。

$$f(\boxed{\textbf{H}}) = a - \frac{\boxed{\textbf{J}}}{\boxed{\textbf{K}}},$$
$$f(\boxed{\textbf{I}}) = \frac{\boxed{\textbf{LM}}}{\boxed{\textbf{N}}} - a$$

の大小を比べることにより，$f(x)$ 最小値は $\boxed{\textbf{O}}$ であることがわかる。

⓪ $\dfrac{8 + 2\sqrt{10}}{3}$　　① $\dfrac{8 - 2\sqrt{10}}{3}$　　② $\dfrac{2\sqrt{10} + 1}{3}$　　③ $\dfrac{2\sqrt{10} - 1}{3}$

④ $\dfrac{10 + 2\sqrt{10}}{3}$　　⑤ $\dfrac{10 - 2\sqrt{10}}{3}$

-計算欄 (memo)-

問 2　x についての 2 次関数

$$f(x) = x^2, \ g(x) = 6 - x^2$$

について考える。

(1)　$f(x) \leqq g(x)$ が成り立つような x の値の範囲は

$$-\sqrt{\boxed{\text{P}}} \leqq x \leqq \sqrt{\boxed{\text{Q}}}$$

である。

(2)　放物線 $y = f(x)$, $y = g(x)$ と直線 $x = t \left(0 \leqq t \leqq \sqrt{\boxed{\text{Q}}} \right)$ の交点をそれぞれ P, Q とすると

$$\text{PQ} = \boxed{\text{R}} - \boxed{\text{S}} \, t^2$$

である。

　y 軸上に 2 点 R, S をとって長方形 PQRS を作り，これを y 軸のまわりに 1 回転してできる直円柱の体積を V とする。V を t で表すと

$$V = \boxed{\text{T}} \, \pi \left(\boxed{\text{U}} \, t^{\boxed{\text{V}}} - t^{\boxed{\text{W}}} \right)$$

となる。よって，t が $0 \leqq t \leqq \sqrt{\boxed{\text{Q}}}$ の範囲で動くときの V の最大値は

$$\frac{\boxed{\text{X}}}{\boxed{\text{Y}}} \pi$$

である。

-計算欄 (memo)-

II の問題はこれで終わりです。 II の解答欄 **Z** はマークしないでください。

III

x, y, z を整数として以下の問いに答えよ。

(1)

$$24x - 15y = a \ (a \text{ は整数}) \quad \cdots\cdots \quad \text{①}$$

を満たす x, y が存在するためには，a が $\boxed{\text{A}}$ の倍数であることが必要である。ただし，$\boxed{\text{A}} \geqq 2$ となるように答えなさい。

このとき，$a = \boxed{\text{A}} \, b \ (b \text{は整数})$ とおけて，①は

$$\boxed{\text{B}}\, x - \boxed{\text{C}}\, y = b \quad \cdots\cdots \quad \text{②}$$

となる。

-計算欄 (memo)-

(2)　(1) の ② を満たす x, y の 1 つとして

$$x = \boxed{\text{D}}\,b, \ \ y = \boxed{\text{E}}\,b$$

がある。つまり，

$$\boxed{\text{B}} \cdot \boxed{\text{D}}\,b - \boxed{\text{C}} \cdot \boxed{\text{E}}\,b = b \ \ \cdots\cdots \ \ ③$$

が成り立つ。②と③とで辺々差をとって整理すると

$$\boxed{\text{B}}\left(x - \boxed{\text{D}}\,b\right) = \boxed{\text{C}}\left(y - \boxed{\text{E}}\,b\right)$$

となる。ここで，$\boxed{\text{B}}$ と $\boxed{\text{C}}$ が互いに素であることを用いると，②を満たす x, y は，ある整数 k を用いて

$$x = \boxed{\text{F}}\,b + \boxed{\text{G}}\,k, \ \ y = \boxed{\text{H}}\,b + \boxed{\text{I}}\,k$$

と表せる。

-計算欄 (memo)-

(3)

$$16x - 10y - 3z = 3 \quad \cdots\cdots \quad ④$$

を満たす $x,\ y,\ z$ を求めよう。

④を変形すると

$$2(8x - 5y) = 3(z + 1)$$

となり，2と3が互いに素であることより，ある整数 l を用いて

$$8x - 5y = \boxed{\text{ J }}\,l, \quad z + 1 = \boxed{\text{ K }}\,l$$

と表せる。これと (2) の結果より，④を満たす $x,\ y,\ z$ は

$$x = \boxed{\text{ L }}\,l + \boxed{\text{ M }}\,k, \quad y = \boxed{\text{ N }}\,l + \boxed{\text{ O }}\,k, \quad z = \boxed{\text{ P }}\,l - \boxed{\text{ Q }}$$

と表せる。

-計算欄 (memo)-

III の問題はこれで終わりです。 III の解答欄 R ～ Z はマークしないでください。

IV

　円 F に内接する四角形 ABCD において

AB=4，BC=2，CD=3，∠ABD = ∠CBD

である。$\theta = \angle$DAB とおいて，以下の問いに答えな

さい。

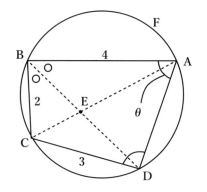

　∠ABD = ∠CBD，CD = 3 より，DA = $\boxed{\text{A}}$ で

ある。

　よって，三角形 ABD，三角形 CBD においてそれ

ぞれ余弦定理を用いると

$$\text{BD}^2 = \boxed{\text{BC}} - \boxed{\text{DE}} \cos\theta$$

$$\text{BD}^2 = \boxed{\text{FG}} + \boxed{\text{HI}} \cos\theta$$

を得る。よって

$$\cos\theta = \frac{\boxed{\text{J}}}{\boxed{\text{K}}}, \quad \text{BD} = \sqrt{\boxed{\text{LM}}}$$

である。これらを用いると

$$\sin\theta = \frac{\boxed{\text{N}} \sqrt{\boxed{\text{O}}}}{\boxed{\text{P}}}, \quad \text{円 F の半径} = \frac{\boxed{\text{Q}} \sqrt{\boxed{\text{RS}}}}{\boxed{\text{T}}}$$

と求まる。

　また，四角形 ABCD の面積は

$$\boxed{\text{U}} \sqrt{\boxed{\text{V}}}$$

である。

-計算欄 (memo)-

-計算欄 (memo)-

次の文中の W ， X には，下の選択肢⓪〜⑤の中から適するものを選び， Y ，

Z には適する数を入れなさい。

対角線 AC と対角線 BD の交点を E とすると

$$\text{BE} : \text{ED} = \boxed{\text{W}} : \boxed{\text{X}} = \boxed{\text{Y}} : \boxed{\text{Z}}$$

である。

  ⓪ △ABD ① △CBD ② △BAC

  ③ △DAC ④ △EAB ⑤ △ECD

ただし，「△ ABD」とは三角形 ABD の面積を表す。他の三角形についても同様である。

-計算欄 (memo)-

$\boxed{\text{IV}}$ の問題はこれで終わりです。

コース 1 の問題はこれですべて終わりです。解答用紙の $\boxed{\text{V}}$ はマークしないでください。

解答用紙の解答コース欄に「コース 1」が正しくマークしてあるか,

もう一度確かめてください。

この問題冊子を持ち帰ることはできません。

日本留学試験（EJU）
数学コース1　予想問題

第③回

（制限時間：80分）

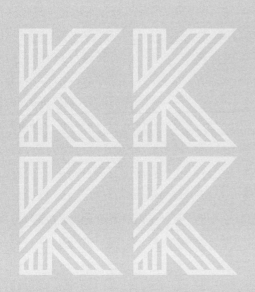

$\boxed{\text{I}}$

問 1　x の 2 次関数 $y = ax^2 + bx + c$ $(a,\ b,\ c$ は実数$)$ のグラフ C について考える。

(1)　C の頂点の座標は

$$\left(\frac{\boxed{\text{A}}\, b}{\boxed{\text{B}}\, a},\ \ c - \frac{b^2}{\boxed{\text{C}}\, a} \right)$$

である。

(2)　C が点 $(-1,\ 1)$ を通るとき，

$$a - b + c = \boxed{\text{D}}$$

が成り立つ。さらに C の頂点が直線 $x + y = 1$ 上にあるとき，a と b の間には，関係式

$$\boxed{\text{E}}\, a^2 - \boxed{\text{F}}\, ab + b^2 + \boxed{\text{G}}\, b = 0 \quad \cdots\cdots \quad \text{①}$$

が成り立つ。

-計算欄 (memo)-

(3)　次の文中の $\boxed{\text{H}}$ ，$\boxed{\text{I}}$ には，下の選択肢⓪〜⑨の中から適するものを選びなさい。

(2) において，①を満たす実数 b が存在するための条件を考えることにより，a のとり得る値の範囲は

$$a\,\boxed{\text{H}}\,\boxed{\text{I}}\ ,\ a \neq 0$$

であることがわかる。

⓪ $=$ 　　① $\neq$ 　　② $>$ 　　③ $<$ 　　④ $\geqq$ 　　⑤ $\leqq$

⑥ 4 　　⑦ -4 　　⑧ $\dfrac{1}{4}$ 　　⑨ $-\dfrac{1}{4}$

-計算欄 (memo)-

問2　1個のサイコロを3回投げ，出た目を順に a, b, c とおく。このとき，次の (1)〜(5) の確率をそれぞれ求めよ。

(1)　$a+b+c=6$ となる確率は $\dfrac{\boxed{\text{J}}}{\boxed{\text{KLM}}}$ である。

(2)　$abc=6$ となる確率は $\dfrac{\boxed{\text{N}}}{\boxed{\text{OP}}}$ である。

(3)　$(a-b)^2+(b-c)^2+(c-a)^2=0$ となる確率は $\dfrac{\boxed{\text{Q}}}{\boxed{\text{RS}}}$ である。

(4)　$(a-b)(b-c)(c-a)=0$ となる確率は $\dfrac{\boxed{\text{T}}}{\boxed{\text{U}}}$ である。

(5)　$\left\{(a-1)^2+(b-2)^2\right\}\left\{(b-2)^2+(c-3)^2\right\}=0$ となる確率は $\dfrac{\boxed{\text{VW}}}{\boxed{\text{XYZ}}}$ である。

-計算欄 (memo)-

I の問題はこれで終わりです。

II

問 1　$a = \sqrt{3} + 1,\ b = \sqrt{3} - 1$ とする。

(1)

$$a^2 = \boxed{\text{A}} + \boxed{\text{B}}\sqrt{\boxed{\text{C}}},$$

$$b^2 = \boxed{\text{A}} - \boxed{\text{B}}\sqrt{\boxed{\text{C}}},$$

$$ab = \boxed{\text{D}}$$

である。

(2)　(1) を用いると

$$a^2 m + abmn + b^2 n = 10$$

を満たす整数 $m,\ n$ の組は

$$(m,\ n) = \left(\boxed{\text{E}},\ \boxed{\text{F}}\right),\ \left(\boxed{\text{GH}},\ \boxed{\text{I J}}\right)$$

である。

(3)　(1) を用いると

$$a^4 + a^2 b^2 + b^4 + a^2 + ab + b^2 = \boxed{\text{KL}}$$

$$2a^4 - a^2 b^2 - b^4 - 16a^2 + 8b^2 = \boxed{\text{MN}}$$

である。

-計算欄 (memo)-

問2　x の 2 次関数

$$f(x) = -x^2 + 4x$$

$$g(x) = 2x^2 + 4ax + 3a^2$$

を考える。

(1)　$f(x)$ の最大値は $\boxed{\text{O}}$ であり，$g(x)$ の最小値は $a\boxed{\text{P}}$ である。

(2)　k を定数とする。任意の実数 x に対して不等式

$$f(x) < k < g(x)$$

が成り立つような k が存在するとき，a のとり得る値の範囲は

$$a < \boxed{\text{QR}}, \quad \boxed{\text{S}} < a$$

である。

(3)　任意の実数 x に対して，不等式

$$f(x) < l < g(x)$$

を満たす l が存在するような a の値の範囲は

$$a < \boxed{\text{TU}}, \quad \dfrac{\boxed{\text{V}}}{\boxed{\text{W}}} < a$$

である。

-計算欄 (memo)-

Ⅱ の問題はこれで終わりです。 Ⅱ の解答欄 **X** 〜 **Z** はマークしないでください。

III

自然数の正の約数について，個数及び総和を考えよう。

(1)　自然数 504 を素因数分解すると

$$504 = \boxed{A}^{\boxed{B}} \cdot \boxed{C}^{\boxed{D}} \cdot \boxed{E} \quad (\text{ただし，} \boxed{A} < \boxed{C})$$

となる。よって，504 の正の約数は

$$\boxed{FG} \text{ 個}$$

あり，これらの総和は

$$\boxed{HIJK}$$

である。

(2)　$p,\ q,\ r$ は自然数とする。$n = 2^{3p} \cdot 3^{2q} \cdot 7^r$ の正の約数の個数が 126 個であるとき，

$$(p,\ q,\ r) = \left(\boxed{L},\ \boxed{M},\ \boxed{N} \right),\ \left(\boxed{O},\ \boxed{P},\ \boxed{Q} \right)$$

である。ただし，$\boxed{M} < \boxed{P}$ であるように答えなさい。

(3)　(2) において，$(p,\ q,\ r) = \left(\boxed{L},\ \boxed{M},\ \boxed{N} \right)$ のとき，n の正の約数の総和を 7 で割った余りは $\boxed{R}$ である。

-計算欄 (memo)-

Ⅲ の問題はこれで終わりです。Ⅲ の解答欄　S　～　Z　はマークしないでください。

IV

三角形 OAB があり，OA=1，∠OAB = 90° とする。また，O，B を中心とする半径の等しい円 C_1，C_2 が外接している。

∠AOB $= \theta$ とおき，三角形 OAB のうち，C_1 および C_2 の外部にある部分の面積 S の最大値を求めよう。

ただし，C_1 は辺 OA と交わり，C_2 は辺 AB と交わっているとする。

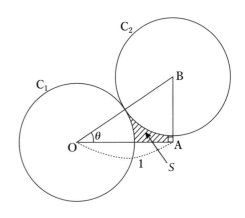

(1) 次の文中の $\boxed{\text{A}}$，$\boxed{\text{B}}$ には，下の選択肢⓪〜⑨の中から適するものを選び，他の $\boxed{}$ には適する数を入れなさい。

辺 AB の長さは $\boxed{\text{A}}$ である。また，円 C_1，C_2 の半径は $\boxed{\text{B}}$ であり，これと辺 OA，AB の長さを比べることにより，θ のとり得る値の範囲は

$$\boxed{\text{CD}}^\circ \leqq \theta \leqq \boxed{\text{EF}}^\circ$$

とわかる。

⓪ $\sin\theta$ 　　① $\cos\theta$ 　　② $\tan\theta$ 　　③ $\dfrac{1}{\sin\theta}$ 　　④ $\dfrac{1}{\cos\theta}$

⑤ $\dfrac{1}{\tan\theta}$ 　　⑥ $\dfrac{1}{2\sin\theta}$ 　　⑦ $\dfrac{1}{2\cos\theta}$ 　　⑧ $\dfrac{1}{2\tan\theta}$ 　　⑨ $\dfrac{1}{\sin\theta\cos\theta}$

-計算欄 (memo)-

(2)　面積 S を θ で表すと $\boxed{\text{G}}$ となる。ただし，$\boxed{\text{G}}$ には，次の選択肢⓪〜⑤の中から適するものを選びなさい。

⓪ $\dfrac{1}{2}\tan\theta - \dfrac{\pi}{4\sin^2\theta}$　　① $\dfrac{1}{2}\tan\theta - \dfrac{\pi}{4\cos^2\theta}$　　② $\dfrac{1}{2}\tan\theta - \dfrac{\pi}{16\sin^2\theta}$

③ $\dfrac{1}{2}\tan\theta - \dfrac{\pi}{16\cos^2\theta}$　　④ $\dfrac{1}{2\tan\theta} - \dfrac{\pi}{16}\sin^2\theta$　　⑤ $\dfrac{1}{2\tan\theta} - \dfrac{\pi}{16}\cos^2\theta$

(3)　$t = \tan\theta$ とおくと，(1) より t のとり得る値の範囲は

$$\sqrt{\dfrac{\boxed{\text{H}}}{\boxed{\text{I}}}} \leqq t \leqq \sqrt{\boxed{\text{J}}}$$

であり，(2) で求めた S を t で表すと

$$S = \dfrac{\pi}{\boxed{\text{KL}}}\left(-t^2 + \dfrac{\boxed{\text{M}}}{\pi}t - \boxed{\text{N}}\right)$$

となる。

この右辺を $f(t)$ とおくと，放物線 $y = f(t)$ の軸は $t = \dfrac{\boxed{\text{O}}}{\pi}$ であり

$$\sqrt{\dfrac{\boxed{\text{H}}}{\boxed{\text{I}}}} \leqq \dfrac{\boxed{\text{O}}}{\pi} \leqq \sqrt{\boxed{\text{J}}}$$

が成り立つ。以上より，S は $t = \dfrac{\boxed{\text{O}}}{\pi}$ のとき最大値

$$\dfrac{\boxed{\text{P}}}{\pi} - \dfrac{\pi}{\boxed{\text{QR}}}$$

をとる。

-計算欄 (memo)-

IV の問題はこれで終わりです。IV の解答欄 **S** ～ **Z** はマークしないでください。

コース 1 の問題はこれですべて終わりです。解答用紙の V はマークしないでください。

解答用紙の解答コース欄に「コース 1」が正しくマークしてあるか,

もう一度確かめてください。

この問題冊子を持ち帰ることはできません。

第④回

（制限時間：80 分）

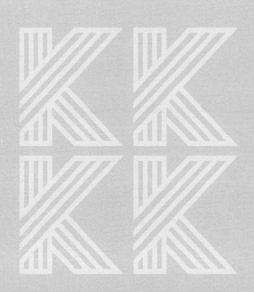

I

問1　a, b は実数とする。放物線 $y = 3x^2 + ax + 1$ を C_0 とする。

(1)　C_0 を x 軸方向へ a, y 軸方向へ b だけ平行移動した放物線を C_1 とする。C_1 が2点 $(0,\ 1)$, $(1,\ -6)$ を通るとき

$$a = \boxed{\text{A}}, \quad b = \boxed{\text{BC}}$$

である。

(2)　C_0 を x 軸方向へ a だけ平行移動し，さらに直線 $y = b$ に関して対称移動した放物線を C_2 とする。C_2 が点 $(5,\ 1)$ において直線 $y = 1$ に接するとき

$$a = \boxed{\text{D}}, \quad b = \frac{\boxed{\text{EF}}}{\boxed{\text{G}}}$$

である。

-計算欄 (memo)-

問2　サイコロを1つ投げて出た目に応じて点Pをx軸上で動かす試行を繰り返す。最初，Pは原点Oにあったものとして，以下の問に答えよ。

(1)　出た目が1，2ならPはx軸の正の向きへ1だけ進め，それ以外の場合Pは動かさない。この試行を繰り返すとき，第7回後に初めてPのx座標が4となる確率は$\dfrac{\boxed{\text{HIJ}}}{3^7}$である。

(2)　出た目を3で割った余りに応じて，Pを次のように動かす。

余りが0のとき，Pは動かさない。

余りが1のとき，Pをx軸の正の向きへ1だけ進める。

余りが2のとき，Pをx軸の負の向きへ1だけ進める。

この試行を繰り返すとき，第7回後にPのx座標が3である確率は$\dfrac{\boxed{\text{KLM}}}{3^7}$である。

また，第7回後までにPが動いた道のりが4となる確率は$\dfrac{\boxed{\text{NOP}}}{3^7}$である。

（例）出た目が順に4，2，4，3，5，6，1のとき，Pが進んだ道のりは

$$1 + |-1| + 1 + 0 + |-1| + 0 + 1 = 5$$

である。

(3)　出た目の数だけPをx軸の正の向きへ進める。この試行を繰り返すとき，第6回後にPのx座標が偶数である確率は$\dfrac{\boxed{\text{Q}}}{\boxed{\text{R}}}$である。

-計算欄 (memo)-

$\boxed{\text{I}}$ の問題はこれで終わりです。$\boxed{\text{I}}$ の解答欄 $\boxed{\textbf{S}}$ ～ $\boxed{\textbf{Z}}$ はマークしないでください。

II

問1　a を実数の定数とし，x の不等式

$$2\sqrt{x^2 - 4ax + 4a^2} - x^2 < 1 \quad \cdots\cdots \quad ①$$

を考える。

(1)　①を変形すると

$$\boxed{A} \quad かつ \quad \boxed{B}$$

となる。ただし，$\boxed{A}$，$\boxed{B}$ には，次の選択肢⓪〜⑦の中から適するものを選び，$\boxed{A}$ の番号が $\boxed{B}$ の番号より小さくなるように答えなさい。

⓪ $x^2 + 2x + 4a + 1 < 0$　　① $x^2 + 2x - 4a + 1 > 0$　　② $x^2 - 2x + 4a + 1 > 0$

③ $x^2 - 2x - 4a + 1 < 0$　　④ $x^2 + 2x + 4a - 1 > 0$　　⑤ $x^2 + 2x - 4a - 1 < 0$

⑥ $x^2 - 2x + 4a - 1 < 0$　　⑦ $x^2 - 2x - 4a - 1 > 0$

-計算欄 (memo)-

(2)　　$\boxed{\text{C}}$　には適する数を入れ，　$\boxed{\text{D}}$　～　$\boxed{\text{F}}$　には下の選択肢⓪～⑨の中から適する

ものを選びなさい。

(1) より，不等式 ① の解は

$$a > \boxed{\text{C}} \ \text{のとき} \ \boxed{\text{D}},$$

$$a = \boxed{\text{C}} \ \text{のとき} \ \boxed{\text{E}},$$

$$a < \boxed{\text{C}} \ \text{のとき} \ \boxed{\text{F}}$$

である。

⓪ $x < 1 - 2\sqrt{a}, \ 1 + 2\sqrt{a} < x$ 　　　① $1 - 2\sqrt{a} < x < 1 + 2\sqrt{a}$

② $x < 1 - 2\sqrt{-a}, \ 1 + 2\sqrt{-a} < x$ 　　③ $1 - 2\sqrt{-a} < x < 1 + 2\sqrt{-a}$

④ $x < -1 - 2\sqrt{a}, \ -1 + 2\sqrt{a} < x$ 　　⑤ $-1 - 2\sqrt{a} < x < -1 + 2\sqrt{a}$

⑥ $x < -1 - 2\sqrt{-a}, \ -1 + 2\sqrt{-a} < x$ 　⑦ $-1 - 2\sqrt{-a} < x < -1 + 2\sqrt{-a}$

⑧ 解なし 　　　　　　　　　　　　　　　⑨ $x \neq \pm 1$

-計算欄 (memo)-

問2　x の2次関数 $f(x) = 2x^2 - (a+2)x - a^2$ (aは0以上の定数) の，$a \leqq x \leqq a+1$ における最大値，最小値をそれぞれ $M(a)$, $m(a)$ とする。

(1)　放物線 $y = f(x)$ の軸の方程式は $x = \dfrac{a + \boxed{\text{G}}}{\boxed{\text{H}}}$ である。

(2)　次の文中の $\boxed{\text{I}}$，$\boxed{\text{L}}$，$\boxed{\text{M}}$ には，下の選択肢⓪〜⑨の中から適するものを選び，$\boxed{\text{J}}$，$\boxed{\text{K}}$ には，適する数を入れなさい。

$M(a) = \boxed{\text{I}}$ である。また，

(i) $0 \leqq a < \dfrac{\boxed{\text{J}}}{\boxed{\text{K}}}$ のとき $m(a) = \boxed{\text{L}}$ である。

(ii) $\dfrac{\boxed{\text{J}}}{\boxed{\text{K}}} \leqq a$ のとき $m(a) = \boxed{\text{M}}$ である。

⓪ a　　　① $-a$　　　② $2a$　　　③ $-2a$

④ $-\dfrac{3}{2}a^2 + 2a + 2$　　　⑤ $-\dfrac{3}{2}a^2 - 2a - 2$　　　⑥ $-\dfrac{5}{4}a^2 + a + 1$

⑦ $-\dfrac{5}{4}a^2 - a - 1$　　　⑧ $-\dfrac{9}{8}a^2 + \dfrac{1}{2}a + \dfrac{1}{2}$　　　⑨ $-\dfrac{9}{8}a^2 - \dfrac{1}{2}a - \dfrac{1}{2}$

(3)　a を0以上の実数全体で動かしたとき，関数 $b = M(a) + m(a)$ のグラフを ab 平面上に描くと $\boxed{\text{N}}$ のようになる。ただし，$\boxed{\text{N}}$ には，次の選択肢⓪〜⑤の中から適するものを選びなさい。

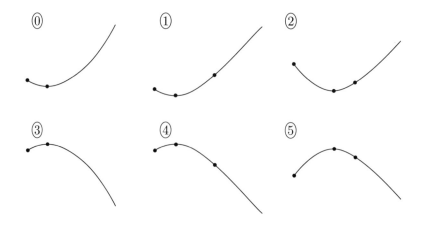

-計算欄 (memo)-

Ⅱ の問題はこれで終わりです。Ⅱ の解答欄 **O** ～ **Z** はマークしないでください。

III

k を整数とし，

$$m = k^3 + k + 4,$$

$$n = 2k + 4$$

とする。m が 18 の倍数となるような k について考えよう。

(1)　　m と n の差をとると

$$m - n = k^3 - k$$

$$= (k - \boxed{\text{A}})k(k + \boxed{\text{B}})$$

となる。よって，条件：

$$m - n \text{ はすべての } k \text{ に対して } p \text{ の倍数となる}$$

が成り立つような最大の自然数 p は，$\boxed{\text{C}}$ である。

-計算欄 (memo)-

(2)　(1) を用いると，m が $\boxed{\text{C}}$ の倍数となるような k は

$$k = \boxed{\text{D}} \quad (l \text{は整数}) \quad \cdots\cdots \quad \text{①}$$

と表せる。ただし，$\boxed{\text{D}}$ には，次の選択肢 ⓪ 〜 ⑨ の中から適するものを選びなさい。

⓪ $2l$　　　① $2l + 1$　　② $3l$　　　③ $3l + 1$　　④ $3l + 2$

⑤ $6l + 1$　　⑥ $6l + 2$　　⑦ $6l + 3$　　⑧ $6l + 4$　　⑨ $6l + 5$

(3)　①のとき，m を 9 で割った余りは

$$\boxed{\text{E}}\, l + \boxed{\text{F}}$$

を 9 で割った余りと等しい。

　　以上より m が 18 の倍数となるのは

$$k = \boxed{\text{G}}\, i + \boxed{\text{H}} \quad (i \text{は整数})$$

と表せるときである。

-計算欄 (memo)-

III の問題はこれで終わりです。 III の解答欄 I ～ Z はマークしないでください。

IV

　三角形 ABC があり，AB = 3，BC = $\sqrt{17}$，CA = 4 である。B から辺 CA に垂線 BH を下ろし，C から辺 AB に垂線 CI を下ろす。線分 BH，CI の交点を P とし，∠CAB を θ とおいて，以下の問に答えよ。

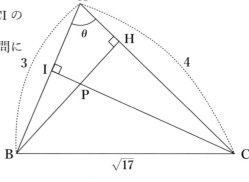

(1)

$$\cos\theta = \frac{\boxed{A}}{\boxed{B}}, \quad AH = \boxed{C}, \quad AI = \frac{\boxed{D}}{\boxed{E}}$$

である。

(2)　次の文中の $\boxed{F}$ には，下の選択肢⓪〜⑨の中から適するものを選び，他の $\boxed{}$ には適する数を入れなさい。

　△AIH ∽ $\boxed{F}$ である。ただし，たとえば「△$S_1 S_2 S_3$ ∽ △$T_1 T_2 T_3$」と書くとき，S_1 と T_1，S_2 と T_2，S_3 と T_3 がそれぞれ対応する点であることを表すものとする。

　これを用いると

$$HI = \frac{\sqrt{\boxed{GH}}}{\boxed{I}}$$

と求まる。

　　⓪ △ABC　　① △ACB　　② △BCA　　③ △BAC　　④ △HBC

　　⑤ △HCB　　⑥ △IBC　　⑦ △ICB　　⑧ △PBC　　⑨ △PCB

-計算欄 (memo)-

(3)　次の文中の $\boxed{\text{J}}$，$\boxed{\text{K}}$，$\boxed{\text{L}}$ には，下の選択肢⓪〜⑨の中から適するものを選び，他の $\boxed{}$ には適する数を入れなさい。ただし，$\boxed{\text{J}}$，$\boxed{\text{K}}$，$\boxed{\text{L}}$ には小さい方の番号から順に選んで入れなさい。

△AHB ∽ $\boxed{\text{J}}$ ∽ $\boxed{\text{K}}$ ∽ $\boxed{\text{L}}$ である。ただし，(2) と同じように，頂点の順序も考えて選びなさい。

これらを用いると

$$PH = \frac{\boxed{\text{M}}}{\boxed{\text{N}}}\sqrt{\boxed{\text{O}}}, \quad PI = \frac{\boxed{\text{P}}}{\boxed{\text{QR}}}\sqrt{\boxed{\text{S}}}$$

と求まる。

⓪ △AHI　　① △AIH　　② △ACI　　③ △AIC　　④ △BHC

⑤ △CHB　　⑥ △PCH　　⑦ △PHC　　⑧ △PBI　　⑨ △PIB

(4)　次の文中の $\boxed{\text{W}}$，$\boxed{\text{X}}$ には，下の選択肢⓪〜⑨の中から適するものを選び，他の $\boxed{}$ には適する数を入れなさい。

四角形 AIPH について考える。

対角線 AP の長さは，$AP = \sqrt{\dfrac{\boxed{\text{TU}}}{\boxed{\text{V}}}}$ である。

∠IPH = $\boxed{\text{W}}$ である。

対角線 AP，HI の交点を Q とする。四角形 AIPH をある対角線で分けて得られる 2 つの三角形の面積を考えることにより，$AQ = \boxed{\text{X}}$ と求まる。

⓪ θ　　① 2θ　　② $\theta + 90°$　　③ $180° - \theta$　　④ $\dfrac{5}{6}\sqrt{2}$

⑤ $\dfrac{6}{7}\sqrt{2}$　　⑥ $\dfrac{3}{14}\sqrt{17}$　　⑦ $\dfrac{4}{15}\sqrt{17}$　　⑧ $\dfrac{3}{16}\sqrt{34}$　　⑨ $\dfrac{8}{47}\sqrt{34}$

-計算欄 (memo)-

IV の問題はこれで終わりです。IV の解答欄 **Y** , **Z** はマークしないでください。

コース 1 の問題はこれですべて終わりです。解答用紙の V はマークしないでください。

解答用紙の解答コース欄に「コース 1」が正しくマークしてあるか,

もう一度確かめてください。

この問題冊子を持ち帰ることはできません。

日本留学試験（EJU）
数学コース1　予想問題

第⑤回

（制限時間：80分）

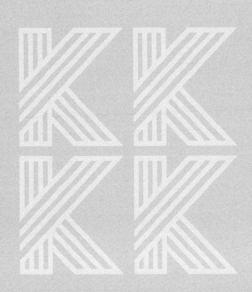

I

問1　x の 2 次方程式

$$x^2 + 2ax + 2a^2 - 2 = 0 \quad \cdots\cdots \quad \text{①}$$

について，以下の問に答えよ。

(1)　①が $x = 2$ を解にもつとき

$$a = \boxed{\text{AB}}$$

である。

(2)　①が $1 \leqq x \leqq 2$ の範囲に異なる 2 つの解をもつとき，a のとり得る値の範囲は

$$\boxed{\text{C}} \sqrt{\boxed{\text{D}}} < a \leqq \frac{\boxed{\text{EF}} - \sqrt{\boxed{\text{G}}}}{\boxed{\text{H}}}$$

である。

(3)　①が $0 \leqq x \leqq 2$ の範囲に少なくとも 1 つの解をもつとき，a のとり得る値の範囲は

$$\boxed{\text{I}} \sqrt{\boxed{\text{J}}} \leqq a \leqq \boxed{\text{K}}$$

である。

-計算欄 (memo)-

問 2　2 つの箱 A，B があり，どちらの箱にも 1 から 6 までの数字が書かれたカードが，それぞれ 1 枚ずつ，計 6 枚入っている。箱 A から 2 枚のカードを同時に取り出し，箱 B からも同様に 2 枚のカードを同時に取り出す。このとき取り出されたカードの数を用いて次のような実数の集合 A，B を作る。

- 箱 A から取り出したカードに書かれた数のうち，小さい方を i，大きい方を j とし，

$$A = \{\, x \mid i \leqq x \leqq j \,\}$$

とする。

- 箱 B から取り出したカードに書かれた数のうち，小さい方を k，大きい方を l とし，

$$B = \{\, x \mid k \leqq x \leqq l \,\}$$

とする。

箱 A，B からカードを取り出す方法の数について，以下の問に答えよ。

(1)　取り出し方は全部で $\boxed{\text{LMN}}$ 通りある。

そのうち $A = B$ となる取り出し方は $\boxed{\text{OP}}$ 通りある。

(2)　$i = 1$，$j = 5$ であり，しかも B が A の部分集合となるような取り出し方は $\boxed{\text{QR}}$ 通りある。

$j - i = 4$ であり，しかも B が A の部分集合となるような取り出し方は $\boxed{\text{ST}}$ 通りある。

B が A の部分集合となるような取り出し方は $\boxed{\text{UV}}$ 通りある。

-計算欄 (memo)-

(3)　実数 x に関する条件「$x \in A$」が，条件「$x \in B$」の必要条件でも十分条件でもない
ような取り出し方は　WXY　ある。

(4)　$A \cap B \neq \varnothing$ となる取り出し方は　Z　通りである。ただし，　Z　には，次の選択
肢⓪〜⑨の中から適するものを選びなさい。

⓪ 28　　① 29　　② 30　　③ 31　　④ 32

⑤ 193　　⑥ 194　　⑦ 195　　⑧ 196　　⑨ 197

-計算欄 (memo)-

I の問題はこれで終わりです。

II

問 1　実数 $a = \sqrt{11 + 4\sqrt{7}}$ の整数部分，小数部分について考えよう。

(1)　m，n は自然数とする。

$$\sqrt{m} + \sqrt{n} = a \text{ のとき，}$$

$$m + n = \boxed{\text{AB}}, \quad mn = \boxed{\text{CD}}$$

が成り立つ。これを利用して m，n を求めることにより，

$$a = \boxed{\text{E}} + \sqrt{\boxed{\text{F}}}$$

である。

(2)　a の整数部分，すなわち a を超えない最大の整数は $\boxed{\text{G}}$ であり，a の小数部分 b は

$$b = a - \boxed{\text{G}}$$

$$= \sqrt{\boxed{\text{F}}} - \boxed{\text{H}}$$

である。

-計算欄 (memo)-

(3)　不等式

$$\frac{k}{7} < b < \frac{k+1}{7} \ (k\text{は 0 以上 6 以下の整数}) \quad \cdots\cdots \quad ①$$

を満たす k を求めよう。　①を根号を含まない形に変形すると

$$(k+\boxed{\text{IJ}})^2 < \boxed{\text{KLM}} < (k+\boxed{\text{IJ}}+1)^2$$

となる。したがって $k = \boxed{\text{N}}$ である。

これを用いると $\left| b - \dfrac{l}{7} \right|$ が最小となる自然数 l は，$l = \boxed{\text{O}}$ であることがわかる。

-計算欄 (memo)-

問2　a, b は実数であり，$a \neq 0$, $a \neq -1$, $b \geqq 0$ とする。xy 平面上で，2 曲線

$$C_1 : y = 1 - x^2,$$

$$C_2 : y = ax^2 + bx + a$$

がただ 1 点のみを共有するとき，次の問いに答えよ。

(1)　b を a を用いて表すと

$$b = \boxed{\text{P}} \sqrt{a^2 - \boxed{\text{Q}}}$$

である。

(2)　C_2 が点 $(1,\ 4)$ を通るとき

$$a = \frac{\boxed{\text{R}}}{\boxed{\text{S}}}, \quad b = \frac{\boxed{\text{T}}}{\boxed{\text{U}}}$$

である。

(3)　C_1, C_2 の共有点の x 座標が $-\dfrac{2}{b}$ であるとき，

$$a = \boxed{\text{V}}, \quad b = \boxed{\text{W}} \sqrt{\boxed{\text{X}}}$$

である。

-計算欄 (memo)-

II の問題はこれで終わりです。II の解答欄　Y ，　Z はマークしないでください。

x の2次方程式

$$ax^2 + bx + c = 0 \quad \cdots\cdots \quad \text{①}$$

がある。a, b, c は自然数であり，22で割ったときの余りはそれぞれ2，10，16であるとする。①が整数解 n をもつとき，n を22で割った余り r を求めよう。

n を22で割った余りを r とおくと，n は，ある整数 q を用いて

$$n = \boxed{\text{AB}}\, q + r \,(\boxed{\text{C}} \leqq r \leqq \boxed{\text{DE}}\,)$$

と表せる。ただし，$\boxed{\text{DE}}$ には当てはまる自然数の中でもっとも小さいものを入れよ。

　この n が①の解であるとき，これを①の x に代入し，両辺を22で割った余りに注目すると，次のことがわかる。

$$r^2 + \boxed{\text{F}}\, r + \boxed{\text{G}} \text{ は11で割り切れる。}$$

$$\text{よって，} r^2 - \boxed{\text{H}}\, r + \boxed{\text{G}} \text{ も11で割り切れる。}$$

したがって，r を11で割った余りは $\boxed{\text{I}}$，$\boxed{\text{J}}$ である。

　以上より

$$r = \boxed{\text{K}}, \quad \boxed{\text{L}}, \quad \boxed{\text{MN}}, \quad \boxed{\text{OP}}$$

である。ただし，$\boxed{\text{I}} < \boxed{\text{J}}$，$\boxed{\text{K}} < \boxed{\text{L}} < \boxed{\text{MN}} < \boxed{\text{OP}}$ となるように答えなさい。

-計算欄 (memo)-

IV

四面体 OABC があり,

$$OA = OB = 2, \quad OC = x(x > 0)$$

$$\angle BOC = \angle COA = \angle AOB = 60°$$

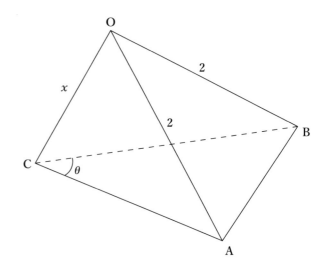

とする。

$\theta = \angle BCA$ について考えよう。

(1)

$$AB = \boxed{\text{A}}, \quad CA = CB = \sqrt{x^2 - \boxed{\text{B}}\,x + \boxed{\text{C}}}$$

である。

(2)　$\cos\theta$ を x を用いて表すと

$$\cos\theta = \dfrac{x^2 - \boxed{\text{D}}\,x + \boxed{\text{E}}}{x^2 - \boxed{\text{F}}\,x + \boxed{\text{G}}}$$

$$= \boxed{\text{H}} - \dfrac{\boxed{\text{I}}}{\left(x - \boxed{\text{J}}\right)^2 + \boxed{\text{K}}}$$

となる。

-計算欄 (memo)-

(3)　(2) より，$x = \boxed{\text{J}}$ のとき，角 θ は $\boxed{\text{L}}$ となる。ただし，$\boxed{\text{L}}$ には，次の選択肢 ⓪，

①のうち適するものを選びなさい。

$$⓪ \ 最大 \qquad ① \ 最小$$

また，このとき

$$\cos\theta = \frac{\boxed{\text{M}}}{\boxed{\text{N}}}$$

であり，平面 ABC と平面 ABO のなす角を α とおくと

$$\cos\alpha = \frac{\sqrt{\boxed{\text{O}}}}{\boxed{\text{P}}}$$

である。

-計算欄 (memo)-

第⑥回

（制限時間：80分）

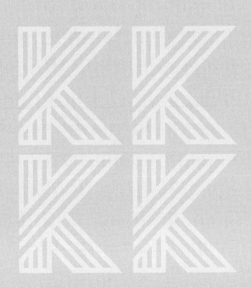

I

問1　$f(x) = ax^2 + bx + c$ $(a,\ b,\ c$は実数$)$ とおく。

曲線 $C : y = f(x)$ は，次の条件 (※) を満たすとする。

(※)：C は，3 つの線分

$$x = 1\ (1 \leqq y \leqq 2),$$

$$x = 0\ (0 \leqq y \leqq 1),$$

$$x = -1\ (-2 \leqq y \leqq -1)$$

のすべてと共有点を持つ。

(1)　次の文中の $\boxed{\textbf{A}}$，$\boxed{\textbf{B}}$ には，下の選択肢⓪〜⑨の中から適するものを選びなさい。

$p = f(1)$, $q = f(-1)$ とおく。$a,\ b$ を $p,\ q,\ c$ を用いて表すと

$$a = \boxed{\textbf{A}},\ \ b = \boxed{\textbf{B}}$$

である。

⓪ $p + q$　　① $p - q$　　② $2p + q$　　③ $p + 2q$　　④ $\dfrac{p+q}{2}$

⑤ $\dfrac{p-q}{2}$　　⑥ $p + q + c$　　⑦ $p + q - c$　　⑧ $\dfrac{p-q}{2} + c$　　⑨ $\dfrac{p+q}{2} - c$

-計算欄 (memo)-

(2)　次の文中の $\boxed{\text{C}}$ には，下の選択肢 ⓪～⑦ の中から適するものを選び，他の $\boxed{}$ には適する数を入れなさい。

　(1) の p, q および c を用いて $f(2)$ を表すと

$$f(2) = \boxed{\text{C}}$$

であり，C が条件 (※) を満たしながら動くとき，$f(2)$ のとり得る値の範囲は

$$\boxed{\text{DE}} \leqq f(2) \leqq \boxed{\text{F}}$$

である。

　　⓪ $p + q + c$　　　① $p - q - c$　　　② $2p + q + c$　　　③ $2p + q - c$

　　④ $3p + q + c$　　　⑤ $3p + q - 3c$　　　⑥ $\dfrac{p+q}{2} - 3c$　　　⑦ $\dfrac{p-q}{2} + 3c$

-計算欄 (memo)-

(3)　次の文中の $\boxed{\text{G}}$, $\boxed{\text{I}}$, $\boxed{\text{J}}$ には，下の選択肢 ⓪ 〜 ⑨ の中から適するものを選び，$\boxed{\text{H}}$ には，適する数を入れなさい。

k を 0 以上の定数とする。(2) と同様に，$f(k)$ を p, q, c を用いて表すと

$$f(k) = \boxed{\text{G}}$$

であり，C が条件 (※) を満たしながら動くとき，$f(k)$ の最大値を $M(k)$ とおくと，次のようになる。

(i)　$0 \leqq k \leqq \boxed{\text{H}}$ のとき

$$M(k) = \boxed{\text{I}}$$

である。

(ii)　$\boxed{\text{H}} < k$ のとき

$$M(k) = \boxed{\text{J}}$$

である。

⓪ $\dfrac{k(k-1)}{2}p + \dfrac{k(k+1)}{2}q + (1+k^2)c$　　① $\dfrac{k(k+1)}{2}p + \dfrac{k(k-1)}{2}q + (1+k^2)c$

② $\dfrac{k(k-1)}{2}p + \dfrac{k(k+1)}{2}q + (1-k^2)c$　　③ $\dfrac{k(k+1)}{2}p + \dfrac{k(k-1)}{2}q + (1-k^2)c$

④ $k^2 + 2k + 1$　　　⑤ $-k^2 + 2k + 1$　　　⑥ $-k^2 + 2k + 2$

⑦ $\dfrac{1}{2}k(k+3)$　　　⑧ $-\dfrac{1}{2}k(k-3)$　　　⑨ $\dfrac{1}{2}k(k+1)$

-計算欄 (memo)-

問2　箱の中に，0と書かれたカード，1と書かれたカード，2と書かれたカード，$\cdots$，20と書かれたカードが1枚ずつ，計21枚入っている。そこからカードを1枚取り出すことを，次のルールに従って2回行う。

[ルール]

1回目に取り出したカードに書かれた数を X とする。X が偶数であればそのカードをもとに戻す。また，X が奇数であればそのカードをもとに戻した上で，それと同じ数字のカードを1枚追加して箱に入れる。

その後，2回目に取り出したカードに書かれた数を Y とする。

(1)　X が奇数であるとき，Y が奇数となる確率は $\dfrac{\boxed{\text{K}}}{\boxed{\text{L}}}$ である。

(2)　X，Y がともに奇数である確率は $\dfrac{\boxed{\text{M}}}{\boxed{\text{NO}}}$ である。

(3)　Y が奇数であるとき，X が偶数である確率は $\dfrac{\boxed{\text{PQ}}}{\boxed{\text{RS}}}$ である。

(4)　$X+Y$ が偶数であるとき，X が偶数である確率は $\dfrac{\boxed{\text{TUV}}}{\boxed{\text{WXY}}}$ である。

-計算欄 (memo)-

$\boxed{\text{I}}$ の問題はこれで終わりです。$\boxed{\text{I}}$ の解答欄 $\boxed{\textbf{Z}}$ はマークしないでください。

II

問1　a は正の実数とする。x の方程式

$$2x^3 + (3a-1)x^2 + (a^2 - a + 4)x + 2a - 2 = 0 \quad \cdots\cdots \quad ①$$

の解について考えよう。

(1)　①の左辺を a について整理すると

$$xa^2 + \left(\boxed{\text{A}}\,x^2 - x + \boxed{\text{B}}\right)a + \left(\boxed{\text{C}}\,x^3 - x^2 + \boxed{\text{D}}\,x - \boxed{\text{E}}\right)$$

となる。$\boxed{\text{C}}\,x^3 - x^2 = x^2\left(\boxed{\text{C}}\,x - 1\right)$ であることを利用して
$\boxed{\text{C}}\,x^3 - x^2 + \boxed{\text{D}}\,x - \boxed{\text{E}}$ を因数分解すると

$$\boxed{\text{C}}\,x^3 - x^2 + \boxed{\text{D}}\,x - \boxed{\text{E}} = \left(x^2 + \boxed{\text{F}}\right)\left(\boxed{\text{C}}\,x - 1\right)$$

となり，これを用いると ①の左辺は

$$\left(\boxed{\text{G}}\,x + a - \boxed{\text{H}}\right)\left(x^2 + ax + \boxed{\text{I}}\right)$$

と因数分解される。

-計算欄 (memo)-

(2)　次の文中の $\boxed{J}$, $\boxed{K}$ には，下の選択肢⓪〜⑦の中から適するものを選び，$\boxed{L}$ には適する数を入れなさい。

(1) により，①のすべての解が実数であるための条件は

$$\boxed{J}$$

である。また，①が異なる3つの実数解をもつための条件は

$$\boxed{K} \text{ かつ } a \neq \boxed{L}$$

である。

⓪ $a > 2$　　① $0 < a < 2$　　② $a \geqq 2$　　③ $0 < a \leqq 2$

④ $a > 2\sqrt{2}$　　⑤ $0 < a < 2\sqrt{2}$　　⑥ $a \geqq 2\sqrt{2}$　　⑦ $0 < a \leqq 2\sqrt{2}$

-計算欄 (memo)-

問 2　x の関数 $f(x) = -x^2 + |x-1| + ax$ (aは実数) を考える。

(1)　次の文中の $\boxed{\text{N}}$，$\boxed{\text{O}}$ には，下の選択肢⓪〜⑤の中から適するものを選び，$\boxed{\text{M}}$ には適する数を入れなさい。

$x \geqq \boxed{\text{M}}$ のとき

$$f(x) = \boxed{\text{N}}$$

であり，$x \leqq \boxed{\text{M}}$ のとき

$$f(x) = \boxed{\text{O}}$$

である。

⓪ $x^2 + (a+1)x + 1$ 　　① $x^2 + (a-1)x - 1$ 　　② $-x^2 + (a-1)x - 1$

③ $-x^2 + (a+1)x + 1$ 　　④ $-x^2 + (a-1)x + 1$ 　　⑤ $-x^2 + (a+1)x - 1$

(2)　直線 $y = mx + n$ (m, nは定数) が関数 $y = f(x)$ のグラフと異なる 2 点で接するとき

$$m = a - \boxed{\text{P}}, \quad n = \frac{\boxed{\text{Q}}}{\boxed{\text{R}}}$$

であり，2 つの接点の x 座標は

$$x = \frac{\boxed{\text{S}}}{\boxed{\text{T}}}, \quad \frac{\boxed{\text{U}}}{\boxed{\text{V}}}$$

である。ただし，$\dfrac{\boxed{\text{S}}}{\boxed{\text{T}}} < \dfrac{\boxed{\text{U}}}{\boxed{\text{V}}}$ となるように答えなさい。

-計算欄 (memo)-

(3)　　$f(x) \left(x \geqq \boxed{\text{M}} \right)$ が最大となる x が $x > \boxed{\text{M}}$ の範囲にあり, $f(x) \left(x \leqq \boxed{\text{M}} \right)$

が最大となる x が $x < \boxed{\text{M}}$ の範囲にあるような a の値の範囲は

$$\boxed{\text{W}} < a < \boxed{\text{X}}$$

である。

　この条件のもとで, なおかつ $f(x)$ が最大となる x が $x > \boxed{\text{M}}$ の範囲だけにある

とき, (2) の m のとり得る値の範囲は

$$\boxed{\text{Y}} < m < \boxed{\text{Z}}$$

である。

-計算欄 (memo)-

Ⅱ の問題はこれで終わりです。

III

自然数 n を 12 進法，8 進法で表すと，いずれも桁数は 3 であり，整数 a, b, c を用いて

$$n = abc_{(12)},$$

$$n = cab_{(8)}$$

と表される。以下の問に答えよ。ただし，上記の「12」，下記の「$\boxed{\textbf{ABC}}$」などは，すべて十進法を用いて表している。

n は，次のように 2 通りに表される。

$$n = \boxed{\textbf{ABC}}\, a + \boxed{\textbf{DE}}\, b + c$$

$$n = \boxed{\textbf{FG}}\, c + \boxed{\textbf{H}}\, a + b$$

よって，a, b, c は関係式

$$\boxed{\textbf{IJK}}\, a + \boxed{\textbf{LM}}\, b = \boxed{\textbf{NO}}\, c$$

を満たす。

-計算欄 (memo)-

これを b について解くと

$$b = \boxed{\text{P}}\, c - \boxed{\text{QR}}\, a + \frac{\boxed{\text{S}}\,(\boxed{\text{T}}\, c - a)}{\boxed{\text{UV}}}$$

となる。b は整数であり $\boxed{\text{S}}$ と $\boxed{\text{UV}}$ は互いに素であるから，$\boxed{\text{T}}\, c - a$ は $\boxed{\text{UV}}$ の倍数である。

これと，a，b，c の値の範囲を考えることにより

$$(a,\ b,\ c) = \left(\boxed{\text{W}},\ \boxed{\text{X}},\ \boxed{\text{Y}} \right)$$

と求まる。

-計算欄 (memo)-

III の問題はこれで終わりです。 III の解答欄 Z はマークしないでください。

IV

三角形 ABC があり，∠CAB = 45° で，外接円の半径は $\sqrt{5}$ である。また，点 B における外接円の接線と直線 AC の交点を D とすると，BD = $3\sqrt{5}$ であるとき，以下の問に答えよ。

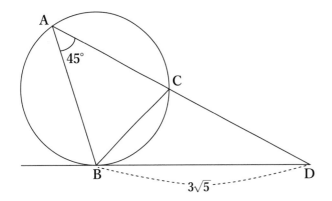

(1)

$$\mathrm{BC} = \sqrt{\boxed{\textbf{AB}}}, \quad \angle\mathrm{CBD} = \boxed{\textbf{CD}}{}^{\circ}$$

である。

(2)　(1) より

$$\mathrm{CD} = \boxed{\textbf{E}}$$

である。

また，これにより

$$\mathrm{CA} = \boxed{\textbf{F}}$$

である。

-計算欄 (memo)-

(3)　次の文中の $\boxed{\text{G}}$ には，下の選択肢⓪〜⑤の中から適するものを選び，他の $\boxed{}$ には

適する数を入れなさい。

　　△ADB ∽ $\boxed{\text{G}}$ である。(ただし，たとえば「△PQR ∽ △STU」と書くときには，

P と S，Q と T，R と U がそれぞれ対応する点であることを表すものとする。)

　　これを用いると

$$\mathrm{AB} = \boxed{\text{H}} \sqrt{\boxed{\text{I}}}$$

である。

　　　　　⓪ △ABC　　① △CAB　　② △BCA

　　　　　③ △DBC　　④ △BDC　　⑤ △CBD

-計算欄 (memo)-

第⑦回

（制限時間：80 分）

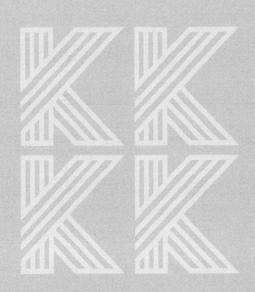

$$\boxed{\text{I}}$$

問1　a は $a > -1$, $a \neq 0$ を満たす実数とする。x の 2 次関数

$$f(x) = -ax^2 + 3ax - 3a^2 + 15 \ (-1 \leqq x \leqq a)$$

の最大値 M, 最小値 m について考えよう。

(1)　$f(x)$ を変形すると

$$f(x) = -a\left(x - \frac{\boxed{\text{A}}}{\boxed{\text{B}}}\right)^2 - 3a^2 + \frac{\boxed{\text{C}}}{\boxed{\text{D}}}a + 15$$

となる。

(2)　$M = -3a^2 + \dfrac{\boxed{\text{C}}}{\boxed{\text{D}}}a + 15$ となるときを考える。

このようになる a の値の範囲は，$a \geqq \dfrac{\boxed{\text{E}}}{\boxed{\text{F}}}$ である。このときの $f(x)$ の最小値を考えると

$$\frac{\boxed{\text{E}}}{\boxed{\text{F}}} \leqq a \leqq \boxed{\text{G}} \text{ のとき, } m = -\boxed{\text{H}}a^2 - \boxed{\text{I}}a + \boxed{\text{JK}},$$

$$\boxed{\text{G}} < a \text{ のとき, } m = -a^3 + \boxed{\text{LM}}$$

となる。

したがって，$m = 0$ となるような a の値は，$a = \dfrac{\boxed{\text{N}}}{\boxed{\text{O}}}$ である。

-計算欄 (memo)-

問2　袋の中に 1 から 12 までの数字が書かれた玉が，それぞれ 1 個ずつ，計 12 個入っている。

そこから玉を 1 個取り出して元に戻すことを 4 回繰り返すとき，取り出された玉に記された数の最大値を M，最小値を m とする。

(1)　$M \leqq 9$ となる確率は $\dfrac{\boxed{\text{PQ}}}{256}$ である。

また，$m \geqq 4$ かつ $M \leqq 9$ となる確率は $\dfrac{\boxed{\text{R}}}{\boxed{\text{ST}}}$ である。

(2)　$M = 7,\ 8,\ 9$ となる確率は $\dfrac{\boxed{\text{UV}}}{256}$ である。

また，$m = 4,\ 5$ かつ $M = 7,\ 8,\ 9$ となる確率は $\dfrac{\boxed{\text{W}}}{108}$ である。

-計算欄 (memo)-

I の問題はこれで終わりです。 I の解答欄 **X** 〜 **Z** はマークしないでください。

II

問1　a は実数とする。実数 x に関する 2 つの不等式

$$(a-1)x > a^2 - 1 \quad \cdots\cdots \quad \text{①}$$

$$|x| + |x-a| \leqq 2|a| \quad \cdots\cdots \quad \text{②}$$

について考える。

(1)　①を解くと

$$a > \boxed{\text{A}} \text{ のとき, } x > a + \boxed{\text{B}}$$

$$a < \boxed{\text{A}} \text{ のとき, } x < a + \boxed{\text{B}}$$

$$a = \boxed{\text{A}} \text{ のとき, } \boxed{\text{C}}$$

となる。ただし，$\boxed{\text{C}}$ には，次の選択肢⓪〜③の中から適するものを選びなさい。

⓪ 解は全ての実数　　① 解は存在しない

② $x = 0$　　　　　③ $x = 0$以外の任意の実数

-計算欄 (memo)-

(2)　②の左辺を x の関数とみて $f(x)$ とおく。a の符号に応じた関数 $y = f(x)$ のグラフは，$a > 0$ のとき $\boxed{\text{D}}$，$a < 0$ のとき $\boxed{\text{E}}$，$a = 0$ のとき $\boxed{\text{F}}$ となる。ただし，$\boxed{\text{D}}$，$\boxed{\text{E}}$，$\boxed{\text{F}}$ には，次の選択肢 ⓪〜⑧ の中から適するものを選びなさい。

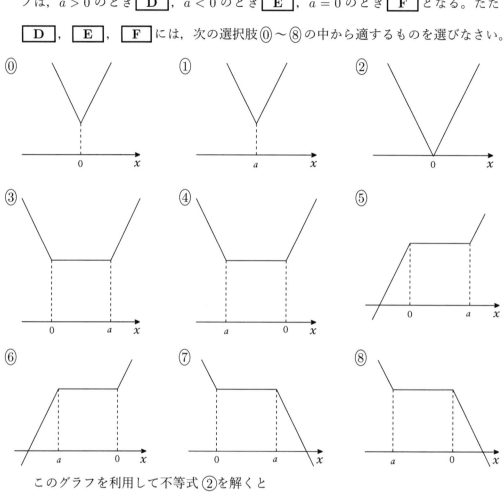

このグラフを利用して不等式 ② を解くと

$$a > \boxed{\text{G}} \text{ のとき，} \quad -\frac{a}{\boxed{\text{H}}} \leqq x \leqq \frac{\boxed{\text{I}}}{\boxed{\text{J}}} a$$

$$a < \boxed{\text{G}} \text{ のとき，} \quad \frac{\boxed{\text{I}}}{\boxed{\text{J}}} a \leqq x \leqq -\frac{a}{\boxed{\text{H}}}$$

$$a = \boxed{\text{G}} \text{ のとき，} \quad \boxed{\text{K}}$$

となる。ただし，$\boxed{\text{K}}$ には，(1) の選択肢 ⓪〜③ の中から適するものを選びなさい。

-計算欄 (memo)-

(3)　次の文中の $\boxed{\text{L}}$ には，下の選択肢 $⓪$ 〜 $⑦$ の中から適するものを選びなさい。

(1)，(2) の結果より，x に関する条件 ① が ② であるための必要条件となるような a の値の範囲は，$\boxed{\text{L}}$ である。

$$⓪\ -\frac{2}{3} < a < 1 \qquad ①\ -\frac{2}{3} \leqq a \leqq 1 \qquad ②\ a < -\frac{2}{3},\ 1 < a$$

$$③\ a \leqq -\frac{2}{3},\ 1 \leqq a \qquad ④\ -\frac{3}{2} < a < 2 \qquad ⑤\ -\frac{3}{2} \leqq a \leqq 2$$

$$⑥\ a < -\frac{3}{2},\ 2 < a \qquad ⑦\ a \leqq -\frac{3}{2},\ 2 \leqq a$$

-計算欄 (memo)-

問 2　a, b は相異なる実数定数とする。2 つの 4 次方程式

$$x^4 + ax^3 + 3bx^2 + ax + 1 = 0 \quad \cdots\cdots \quad ①$$

$$x^4 + bx^3 + 3ax^2 + bx + 1 = 0 \quad \cdots\cdots \quad ②$$

について考えよう。

(1)

$$t = x + \frac{1}{x} \quad \cdots\cdots \quad ③$$

とおくと，$t^2 = x^2 + \dfrac{1}{x^2} + \boxed{\text{ M }}$ であるから，①，②はそれぞれ

$$t^2 + at + \boxed{\text{ N }}b - \boxed{\text{ M }} = 0 \quad \cdots\cdots \quad ④$$

$$t^2 + bt + \boxed{\text{ N }}a - \boxed{\text{ M }} = 0 \quad \cdots\cdots \quad ⑤$$

となる。

-計算欄 (memo)-

(2)　x が ①，②をともに満たす実数であるときを考える。

(1) において，t は ④，⑤をともに満たす。そこで，これら2式において辺々差をとって整理すると，$t = \boxed{\text{O}}$ であることがわかる。このとき a と b の間には関係式

$$a + b = -\frac{\boxed{\text{P}}}{\boxed{\text{Q}}} \quad \cdots\cdots \quad ⑥$$

が成り立つ。

t の2次方程式 ④，⑤の2つの解は，それぞれ

$$④：t = \boxed{\text{O}}, \quad -a - \boxed{\text{R}}$$

$$⑤：t = \boxed{\text{O}}, \quad a - \frac{\boxed{\text{S}}}{\boxed{\text{T}}}$$

であり，⑥のとき，$a \neq b$ より $-a - \boxed{\text{R}} \neq a - \dfrac{\boxed{\text{S}}}{\boxed{\text{T}}}$ であるから，①，②をともに満たす実数 x の個数は $\boxed{\text{U}}$ である。

-計算欄 (memo)-

(3)　次の文中の $\boxed{\text{Z}}$ には，下の選択肢 ⓪〜⑦ の中から適するものを選び，他の $\boxed{}$ には適する数を入れなさい。

実数 t に対して ③を満たす異なる実数 x の個数は

$$|t| > \boxed{\text{V}} \text{ のとき } \boxed{\text{W}} \text{ 個}$$

$$|t| = \boxed{\text{V}} \text{ のとき } \boxed{\text{X}} \text{ 個}$$

$$|t| < \boxed{\text{V}} \text{ のとき } \boxed{\text{Y}} \text{ 個}$$

である。これを用いると，①，②をともに満たす実数 x が存在し，なおかつ①，②がどちらもそれ以外の実数解 x をもたないような a の値の範囲は

$$\boxed{\text{Z}} \text{ かつ } a \neq -\frac{1}{2} \cdot \frac{\boxed{\text{P}}}{\boxed{\text{Q}}}$$

である。

⓪ $-\dfrac{4}{3} < a < -1$　　　① $-\dfrac{4}{3} \leqq a \leqq -1$　　　② $a < -\dfrac{4}{3},\ -1 < a$

③ $a \leqq -\dfrac{4}{3},\ -1 \leqq a$　　④ $-5 < a < -\dfrac{8}{3}$　　　⑤ $-5 \leqq a \leqq -\dfrac{8}{3}$

⑥ $a < -5,\ -\dfrac{8}{3} < a$　　⑦ $a \leqq -5,\ -\dfrac{8}{3} \leqq a$

-計算欄 (memo)-

$\boxed{\text{II}}$ の問題はこれで終わりです。

III

自然数 n に対して，$n! = 3^a \cdot b$ (a は 0 以上の整数で b は 3 の倍数でない整数) と表したときの a，つまり，$n!$ の素因数分解における素因数 3 の個数を $f(n)$ とおく。

(1)　$f(10) = \boxed{\text{A}}$ である。

(2)　$f(200)$ を求めよう。1，2，3，$\cdots$，200 の中にある 3，3^2，3^3，$\cdots$ の倍数の個数を求めると

$$3 \text{ の倍数の個数} = \boxed{\text{BC}}$$

$$3^2 \text{ の倍数の個数} = \boxed{\text{DE}}$$

$$3^3 \text{ の倍数の個数} = \boxed{\text{F}}$$

$$3^4 \text{ の倍数の個数} = \boxed{\text{G}}$$

$$3^5,\ 3^6,\ 3^7,\ \cdots \text{ の倍数の個数} = \boxed{\text{H}}$$

である。よって，$f(200) = \boxed{\text{IJ}}$ である。

(3)　組合せの個数 $_{200}\mathrm{C}_k$ ($k = 0,\ 1,\ 2,\ \cdots,\ 200$) の素因数分解における素因数 3 の個数 $g(k)$ について考える。

$$_{200}\mathrm{C}_{93} = \frac{200!}{93! \cdot \boxed{\text{KLM}}!}$$

において，$f(200) = \boxed{\text{IJ}}$ であり，$f(93)$，$f\left(\boxed{\text{KLM}}\right)$ についても考えると，$g(93) = \boxed{\text{N}}$ であることがわかる。

　また，$93 \leqq k \leqq \boxed{\text{OP}}$ のとき，つねに $g(k) = \boxed{\text{N}}$ が成り立つ。ただし，$\boxed{\text{OP}}$ には適する数のうち最大のものを入れよ。

-計算欄 (memo)-

III の問題はこれで終わりです。 III の解答欄 Q ～ Z はマークしないでください。

IV

空間内の平面 α 上に，三角形 ABC があり，AB $= 5$，BC $= 6$，$\cos\angle\text{CAB} = \dfrac{7}{25}$ である。三角形 ABC の内接円を K_1，内心を I とし，外接円を K_2，外心を O とする。

(1)　AC $=$ $\boxed{\text{A}}$ である。また，$\angle$CAB の二等分線と辺 BC の交点を D として，点 I は線分 AD を $\boxed{\text{B}}$: $\boxed{\text{C}}$ に内分する。よって，K_1 の半径は，$\dfrac{\boxed{\text{D}}}{\boxed{\text{E}}}$ である。

(2)　$\sin\angle\text{ABD} = \dfrac{\boxed{\text{F}}}{\boxed{\text{G}}}$ である。よって，K_2 の半径は，$\dfrac{\boxed{\text{HI}}}{\boxed{\text{J}}}$ である。

また，OI $= \dfrac{\boxed{\text{K}}}{\boxed{\text{L}}}$ である。

(3)　空間内に，中心が P で半径が $\dfrac{15}{4}$ である球面 S があり，P から平面 α に垂線 PH を下ろす。

S が 3 点 A，B，C を通るとき，PH $= \dfrac{\boxed{\text{M}}\sqrt{\boxed{\text{NO}}}}{\boxed{\text{P}}}$ である。

また，S が 3 直線 AB，BC，CA の全てに接するとき，PH $= \dfrac{\boxed{\text{Q}}\sqrt{\boxed{\text{RS}}}}{\boxed{\text{T}}}$ である。

-計算欄 (memo)-

第⑧回

（制限時間：80分）

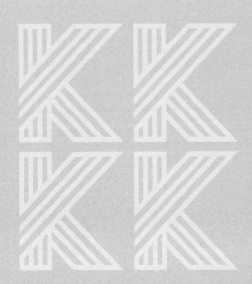

I

問 1　x の 2 次関数 $f(x) = x^2 + ax + b$ $(a,\ b$ は実数$)$ について考える。$y = f(x)$ のグラフ C が点 $(1,\ 4)$ を通るとき，$a + b = \boxed{\text{A}}$ が成り立つ。この条件のもとで，以下の問に答えよ。

(1)　放物線 C の頂点の座標は $\left(-\dfrac{a}{\boxed{\text{B}}},\ -\dfrac{a^2}{\boxed{\text{C}}} - a + \boxed{\text{D}} \right)$ である。

(2)　C が x 軸と共有点を持つような a の値の範囲は，$a \leqq \boxed{\text{EF}}$，$\boxed{\text{G}} \leqq a$ である。

(3)　$a = \boxed{\text{EF}}$ のとき，C と x 軸の共有点の x 座標は $\boxed{\text{H}}$ である。

(4)　$a < \boxed{\text{EF}}$ のときを考える。不等式 $f(x) \leqq 0$ が 2 個以上の整数の解をもつような a のとり得る値の範囲は，$a \leqq \dfrac{\boxed{\text{IJK}}}{\boxed{\text{L}}}$ である。

-計算欄 (memo)-

問 2　箱の中に 1 から 13 までの数字が書かれたカードが，それぞれ 1 枚ずつ，計 13 枚入って
おり，数字が 1 から 9 までのカードには白，10 から 13 までのカードには赤の色が塗られ
ている。この箱から 4 枚のカードを同時に取り出すときの取り出し方全体の集合 U の部分
集合として，次のものを考える。

A_1：取り出したカード全てが白である取り出し方

A_2：取り出したカードには，白と赤が両方含まれる取り出し方

A_3：取り出したカード全てが赤である取り出し方

B_1：取り出したカードに書かれた数字の積が偶数である取り出し方

B_2：取り出したカードに書かれた数字の積が奇数である取り出し方

これらの集合の要素の個数について，以下の問に答えよ。

(1)　$n(U) = \boxed{\textbf{MNO}}$，$n(A_1) = \boxed{\textbf{PQR}}$，$n(B_1) = \boxed{\textbf{STU}}$ である。

(2)　$n(\boxed{\textbf{V}}) = 0$ である。ただし，$\boxed{\textbf{V}}$ には，次の選択肢⓪〜⑤の中から適するもの
を選びなさい。

⓪ $A_1 \cap B_1$　　① $A_1 \cap B_2$　　② $A_2 \cap B_1$

③ $A_2 \cap B_2$　　④ $A_3 \cap B_1$　　⑤ $A_3 \cap B_2$

(3)　$n(A_1 \cap B_2) = \boxed{\textbf{W}}$，$n(A_2 \cap B_1) = \boxed{\textbf{XYZ}}$ である。

-計算欄 (memo)-

$\boxed{\text{I}}$ の問題はこれで終わりです。

$$\boxed{\text{II}}$$

問 1　$x = \sqrt{2+a} + \sqrt{2}$（$a$は0でない実数で$a \geqq -2$）のとき，以下の問に答えよ。

(1)　$\dfrac{1}{x} = \boxed{\text{A}}$ である。ただし，$\boxed{\text{A}}$ には，次の選択肢⓪〜⑤の中から適するものを選びなさい。

$$\text{⓪}\ \sqrt{2+a} + \sqrt{2} \qquad \text{①}\ \sqrt{2+a} - \sqrt{2} \qquad \text{②}\ \frac{\sqrt{2+a} + \sqrt{2}}{2}$$

$$\text{③}\ \frac{\sqrt{2+a} - \sqrt{2}}{2} \qquad \text{④}\ \frac{\sqrt{2+a} + \sqrt{2}}{a} \qquad \text{⑤}\ \frac{\sqrt{2+a} - \sqrt{2}}{a}$$

これを用いると

$$x + \frac{a}{x} = \boxed{\text{B}} \sqrt{\boxed{\text{C}} + a} \quad \cdots\cdots \quad \text{①}$$

となる。

(2)　①を用いると

$$x^2 + \frac{a^2}{x^2} = \boxed{\text{D}}\, a + \boxed{\text{E}}$$

$$x^3 + \frac{a^3}{x^3} = \boxed{\text{F}} \sqrt{\boxed{\text{G}} + a}\, \left(a + \boxed{\text{H}} \right)$$

となる。

(3)　$x^2 + \dfrac{a^2}{x^2} = 6$ のとき，$a = \boxed{\text{IJ}}$ であり，(1), (2) の結果を用いると

$$x^5 - \frac{1}{x^5} = \boxed{\text{KL}}$$

となる。

-計算欄 (memo)-

問 2　O を原点とする座標平面上の 2 つの放物線 $C_1 : y = x^2$, $C_2 : y = -2x^2 + ax + b$ $(a, \ b$は実数$)$ が, 点 $\mathrm{A}\left(\dfrac{1}{3}, \ \dfrac{1}{9}\right)$ を共有している。

(1)　b を a で表すと, $b = \dfrac{\boxed{\text{M}} - a}{\boxed{\text{N}}}$ となる。

また, 方程式 $x^2 = -2x^2 + ax + b$ の 2 つの解は $x = \dfrac{1}{3}, \ \dfrac{a - \boxed{\text{O}}}{\boxed{\text{P}}}$ である。よって, C_1, C_2 の共有点が 1 つであるとき, $a = \boxed{\text{Q}}$ である。

(2)　$a > 0$, $a \neq \boxed{\text{Q}}$ のときを考える。

C_1, C_2 の A 以外の共有点を B とすると, 直線 AB の傾き m_1 は $\dfrac{a}{\boxed{\text{R}}}$ である。

また, C_2 の頂点を P とすると, C_1, C_2 の頂点どうしを結んだ直線 OP の傾き m_2 は

$$m_2 = \dfrac{a}{\boxed{\text{S}}} - \dfrac{\boxed{\text{T}}}{\boxed{\text{U}}} + \dfrac{\boxed{\text{V}}}{\boxed{\text{W}}}a$$

である。

したがって, $m_1 > m_2$ となるような a の値の範囲は

$$\boxed{\text{X}} - \boxed{\text{Y}}\sqrt{\boxed{\text{Z}}} < a < \boxed{\text{X}} + \boxed{\text{Y}}\sqrt{\boxed{\text{Z}}}, \ a \neq \boxed{\text{Q}}$$

である。

-計算欄 (memo)-

$\boxed{\text{II}}$ の問題はこれで終わりです。

III

無理数 $\sqrt{2}$ の有理数による良い近似を得るために

$$\left|\frac{a}{b} - \sqrt{2}\right| < \frac{2}{b^3} \ (a,\ b \text{は 2 以上の自然数}) \quad \cdots\cdots \quad ①$$

を満たす組 $(a,\ b)$ を求めよう。ただし

$$1.41 < \sqrt{2} < 1.42 \quad \cdots\cdots \quad ②$$

を用いてよいとする。

①を変形すると

$$(0 <)\sqrt{2} - \frac{2}{b^3} < \frac{a}{b} < \sqrt{2} + \frac{2}{b^3}$$

となり，各辺を 2 乗してさらに変形すると

$$\left(\frac{a}{b}\right)^2 - \boxed{\text{A}} < \frac{\boxed{\text{B}}\sqrt{2}}{b^{\boxed{\text{C}}}} + \frac{\boxed{\text{D}}}{b^{\boxed{\text{E}}}}, \ \ \text{かつ}$$

$$\left(\frac{a}{b}\right)^2 - \boxed{\text{A}} > -\frac{\boxed{\text{B}}\sqrt{2}}{b^{\boxed{\text{C}}}} + \frac{\boxed{\text{D}}}{b^{\boxed{\text{E}}}} > -\frac{\boxed{\text{B}}\sqrt{2}}{b^{\boxed{\text{C}}}} - \frac{\boxed{\text{D}}}{b^{\boxed{\text{E}}}}$$

を得る。よって

$$\left|\left(\frac{a}{b}\right)^2 - \boxed{\text{A}}\right| < \frac{1}{b^3}\left(\boxed{\text{F}}\sqrt{2} + \frac{\boxed{\text{G}}}{b^{\boxed{\text{H}}}}\right)$$

となる。

-計算欄 (memo)-

ここで，$b \geqq 2$ および ②より

$$\boxed{\textbf{F}}\sqrt{2} + \frac{\boxed{\textbf{G}}}{b^{\boxed{\textbf{H}}}} < \boxed{\textbf{I}}$$

が成り立つ。ただし，$\boxed{\textbf{I}}$ には，当てはまる自然数のうちもっとも小さいものを答えよ。

したがって，①が成り立つために，

$$b\left|a^2 - \boxed{\textbf{A}}\,b^2\right| < \boxed{\textbf{I}} \quad \cdots\cdots \quad ③$$

が成り立つことは必要条件である。

③において，有理数 $\dfrac{a}{b}$ は無理数 $\sqrt{2}$ と等しくないことより $a^2 - \boxed{\textbf{A}}\,b^2 \neq 0$ である。このことから，$b \geqq \boxed{\textbf{J}}$ のとき③は成り立たないことがわかる。ただし，$\boxed{\textbf{J}}$ には，当てはまる自然数のうちもっとも小さいものを答えなさい。

これを利用すると，①を満たす有理数 $\dfrac{a}{b}$ は，$\boxed{\textbf{K}}$ とわかる。ただし，$\boxed{\textbf{K}}$ には，次の選択肢⓪〜⑨の中から適するものを選びなさい。

⓪ $\dfrac{3}{2}$ のみである 　　　 ① $\dfrac{4}{3}$ のみである 　　　 ② $\dfrac{7}{5}$ のみである

③ $\dfrac{10}{7}$ のみである 　　　 ④ $\dfrac{3}{2},\ \dfrac{4}{3}$ の2つである 　　 ⑤ $\dfrac{4}{3},\ \dfrac{7}{5}$ の2つである

⑥ $\dfrac{7}{5},\ \dfrac{10}{7}$ の2つである 　 ⑦ $\dfrac{3}{2},\ \dfrac{7}{5}$ の2つである 　 ⑧ $\dfrac{4}{3},\ \dfrac{10}{7}$ の2つである

⑨ 存在しない

-計算欄 (memo)-

III の問題はこれで終わりです。 III の解答欄 **L** 〜 **Z** はマークしないでください。

IV

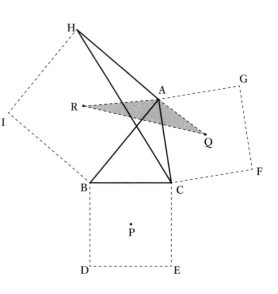

平面上に三角形 ABC がある。AB，BC，CA を 1 辺とする正方形 BCED，CAGF，ABIH を右図のように三角形 ABC の外側に作り，それぞれの中心 (対角線の交点) を P，Q，R とする。以下の問に答えよ。

ただし，たとえば「$\triangle$XYZ $\equiv$ $\triangle$X$'$Y$'$Z$'$」とか「$\triangle$XYZ $\backsim$ $\triangle$X$'$Y$'$Z$'$」と書くときには，X と X$'$，Y と Y$'$，Z と Z$'$ がそれぞれ対応する点であることを表すものとする。

(1)　次の文中の $\boxed{\text{B}}$，$\boxed{\text{EF}}$，$\boxed{\text{IJ}}$ には適する数を入れ，他の $\boxed{}$ には，下の選択肢 ⓪〜⑨ の中から適するものを選びなさい。

2 つの三角形 AHC，ARQ に注目すると

$$AR = \frac{\boxed{\text{A}}}{\sqrt{\boxed{\text{B}}}}, \quad AQ = \frac{\boxed{\text{C}}}{\sqrt{\boxed{\text{B}}}},$$

$$\angle QAR = \angle CAH = \boxed{\text{D}} + \boxed{\text{EF}}^{\circ}$$

であるから，

$$\triangle AHC \boxed{\text{ G }} \boxed{\text{ H }}$$

である。

⓪ =　　① $\equiv$　　② $\backsim$　　③ AH　　④ HC

⑤ CA　　⑥ $\angle$CAB　　⑦ $\angle$ABC　　⑧ $\triangle$AQR　　⑨ $\triangle$ARQ

また，2 直線 QR，CH のなす角は $\boxed{\text{IJ}}^{\circ}$ である。

-計算欄 (memo)-

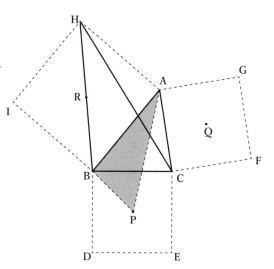

(2)　次の文中の $\boxed{\text{L}}$，$\boxed{\text{OP}}$，$\boxed{\text{ST}}$ には適

する数を入れ，他の $\boxed{}$ には，下の選択肢 ⓪ ～

⑨ の中から適するものを選びなさい。

2つの三角形 HBC，ABP に注目すると

$$AB = \frac{\boxed{\text{K}}}{\sqrt{\boxed{\text{L}}}}, \quad BP = \frac{\boxed{\text{M}}}{\sqrt{\boxed{\text{L}}}},$$

$$\angle ABP = \angle HBC = \boxed{\text{N}} + \boxed{\text{OP}}\,°$$

であるから，

$$\triangle HBC \boxed{\text{Q}} \boxed{\text{R}}$$

である。

⓪ $=$ 　　① $\equiv$ 　　② $\backsim$ 　　③ HB 　　④ BC

⑤ CH 　　⑥ $\angle$CAB 　　⑦ $\angle$ABC 　　⑧ $\triangle$ABP 　　⑨ $\triangle$APB

また，2直線 AP，CH のなす角は $\boxed{\text{ST}}\,°$ である。

(3) $AB = 3$，$BC = 2$，$\angle ABC = 75°$ のとき，(1), (2) より，四角形 ARPQ の面積は

$$\frac{\boxed{\text{UV}} + \boxed{\text{W}}\sqrt{\boxed{\text{X}}}}{\boxed{\text{Y}}}$$

である。

-計算欄 (memo)-

IV の問題はこれで終わりです。IV の解答欄　**Z**　はマークしないでください。

コース 1 の問題はこれですべて終わりです。解答用紙の V はマークしないでください。

解答用紙の解答コース欄に「コース 1」が正しくマークしてあるか,

もう一度確かめてください。

この問題冊子を持ち帰ることはできません。

第⑨回

（制限時間：80分）

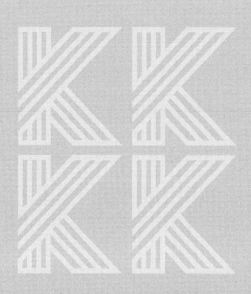

I

問1　xy 平面上で，2次関数 $y = ax^2 + bx + c$ のグラフ C が右図のようになっているとき，以下の間に答えよ。

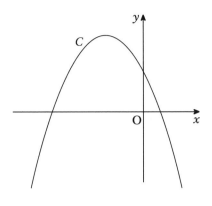

a, b, c の符号は $\boxed{\text{A}}$ となっている。ただし，$\boxed{\text{A}}$ には，次の選択肢 ⓪〜⑦ の中から適するものを選びなさい。

⓪ $a > 0$, $b > 0$, $c > 0$　　① $a > 0$, $b > 0$, $c < 0$　　② $a > 0$, $b < 0$, $c > 0$

③ $a > 0$, $b < 0$, $c < 0$　　④ $a < 0$, $b > 0$, $c > 0$　　⑤ $a < 0$, $b > 0$, $c < 0$

⑥ $a < 0$, $b < 0$, $c > 0$　　⑦ $a < 0$, $b < 0$, $c < 0$

a, b, c の間に関係式

$$b = 3a + 3, \quad c = 1 - \frac{a^2}{4} \quad \cdots\cdots \quad ①$$

が成り立つとする。a, b, c の符号が上記のようになるとき，a のとり得る値の範囲は，$\boxed{\text{BC}} < a < \boxed{\text{DE}}$ である。

-計算欄 (memo)-

C を原点 O に関して対称移動した放物線を D とすると，D の方程式は $y = \boxed{}$ であ

る。ただし，$\boxed{}$ には，次の選択肢⓪〜⑦の中から適するものを選びなさい。

⓪ $ax^2 + bx + c$　　　① $ax^2 + bx - c$　　　② $ax^2 - bx + c$　　　③ $ax^2 - bx - c$

④ $-ax^2 + bx + c$　　⑤ $-ax^2 + bx - c$　　⑥ $-ax^2 - bx + c$　　⑦ $-ax^2 - bx - c$

D を x 軸方向に $-\dfrac{1}{2}$，y 軸方向に $\dfrac{3}{4}$ だけ平行移動して得られる曲線を $E : y = a'x^2 + b'x + c'$

とする。①のとき，a と a'，b と b'，c と c' が全て異符号となるような a の値の範囲は

$$\frac{\boxed{}}{\boxed{}} < a < \frac{\sqrt{\boxed{}} - \boxed{}}{\boxed{}}$$

である。

-計算欄 (memo)-

問2　1つのサイコロを5回投げ，第 k 回 $(k=1,\ 2,\ 3,\ 4,\ 5)$ に出た目に対して，d_k を次のように定める。

$$出た目が 1,\ 2,\ 3 なら d_k = 0,$$
$$出た目が 4,\ 5 なら d_k = 1,$$
$$出た目が 6 なら d_k = 2$$

こうして得られた $d_k\ (k=1,\ 2,\ 3,\ 4,\ 5)$ を用いて，3進小数 S を

$$S = d_1 d_2 d_3 d_4 d_{5\,(3)}$$
$$= \frac{d_1}{3} + \frac{d_2}{3^2} + \frac{d_3}{3^3} + \frac{d_4}{3^4} + \frac{d_5}{3^5}$$

と定める。

(1)　S が正となる確率は $\dfrac{\boxed{\text{MN}}}{\boxed{\text{OP}}}$ である。

　　また，$S < 0.01_{(3)}$ となる確率は $\dfrac{\boxed{\text{Q}}}{\boxed{\text{R}}}$ である。

(2)　$S \geqq 0.0002_{(3)}$ となる確率は $\dfrac{\boxed{\text{ST}}}{\boxed{\text{UV}}}$ である。

(3)　$0.0002_{(3)} \leqq S < 0.01_{(3)}$ であるとき，整数 $3^5 S$ が 9 の倍数である確率は $\dfrac{\boxed{\text{W}}}{\boxed{\text{XY}}}$ である。

-計算欄 (memo)-

I の問題はこれで終わりです。I の解答欄 **Z** はマークしないでください。

II

問1　x の 4 次方程式

$$x^4 - \left(12 + 4\sqrt{2}\right)x^2 + 8 = 0 \quad \cdots\cdots \quad ①$$

の解を求めよう。

①を x^2 についての 2 次方程式とみなし，解の公式を用いると

$$x^2 = \boxed{\textbf{A}} + \boxed{\textbf{B}}\sqrt{2} \pm 2\sqrt{\boxed{\textbf{C}} + \boxed{\textbf{D}}\sqrt{2}}$$

となる。この二重根号を外しても，x の値をきれいな形で表すことは難しい。そこで，別の方法を考える。

$$(x + a + b)(x - a - b)(x + a - b)(x - a + b) \quad \cdots\cdots \quad ②$$

を x について展開して整理すると $x^4 - \boxed{\textbf{E}}x^2 + \boxed{\textbf{F}}$ となる。ただし，$\boxed{\textbf{E}}$，$\boxed{\textbf{F}}$ には，次の選択肢⓪〜⑨の中から適するものを選びなさい。

⓪ $(a+b)^2$　　　① $(a-b)^2$　　　② (a^2+b^2)　　　③ $(a^2+b^2)^2$　　　④ $(a^2-b^2)^2$

⑤ $2(a+b)^2$　　　⑥ $2(a-b)^2$　　　⑦ $2(a^2+b^2)$　　　⑧ $2(a^2+b^2)^2$　　　⑨ $2(a^2-b^2)^2$

-計算欄 (memo)-

そこで

$$
\begin{cases}
\boxed{\textbf{E}} = 12 + 4\sqrt{2} \\
\boxed{\textbf{F}} = 8
\end{cases}
$$

を満たす実数 a, b $(a > b > 0)$ を求めると

$$
a^2 = \boxed{\textbf{G}} + \boxed{\textbf{H}} \sqrt{\boxed{\textbf{I}}}, \; b^2 = \boxed{\textbf{J}} \; より
$$

$$
a = \sqrt{\boxed{\textbf{K}} + \boxed{\textbf{L}}}, \; b = \sqrt{\boxed{\textbf{J}}}
$$

となる。この a, b を用いると，①の左辺は②のように因数分解できる。

以上より，4次方程式①の全ての解は，$\boxed{\textbf{M}}$ である。ただし，$\boxed{\textbf{M}}$ には，下の選択肢⓪〜⑧の中から適するものを選びなさい。

⓪ $\sqrt{3} + \sqrt{2} + 1$, $\sqrt{3} + \sqrt{2} - 1$, $-\sqrt{3} - \sqrt{2} + 1$, $-\sqrt{3} - \sqrt{2} - 1$

① $\sqrt{3} + \sqrt{2} + 1$, $\sqrt{3} - \sqrt{2} + 1$, $-\sqrt{3} + \sqrt{2} - 1$, $-\sqrt{3} - \sqrt{2} - 1$

② $\sqrt{3} + \sqrt{2} + 1$, $-\sqrt{3} + \sqrt{2} + 1$, $\sqrt{3} - \sqrt{2} - 1$, $-\sqrt{3} - \sqrt{2} - 1$

③ $\sqrt{5} + \sqrt{2} + 2$, $\sqrt{5} + \sqrt{2} - 2$, $-\sqrt{5} - \sqrt{2} + 2$, $-\sqrt{5} - \sqrt{2} - 2$

④ $\sqrt{5} + \sqrt{2} + 2$, $\sqrt{5} - \sqrt{2} + 2$, $-\sqrt{5} + \sqrt{2} - 2$, $-\sqrt{5} - \sqrt{2} - 2$

⑤ $\sqrt{5} + \sqrt{2} + 2$, $-\sqrt{5} + \sqrt{2} + 2$, $\sqrt{5} - \sqrt{2} - 2$, $-\sqrt{5} - \sqrt{2} - 2$

⑥ $\sqrt{5} + \sqrt{3} + 3$, $\sqrt{5} + \sqrt{3} - 3$, $-\sqrt{5} - \sqrt{3} + 3$, $-\sqrt{5} - \sqrt{3} - 3$

⑦ $\sqrt{5} + \sqrt{3} + 3$, $\sqrt{5} - \sqrt{3} + 3$, $-\sqrt{5} + \sqrt{3} - 3$, $-\sqrt{5} - \sqrt{3} - 3$

⑧ $\sqrt{5} + \sqrt{3} + 3$, $-\sqrt{5} + \sqrt{3} + 3$, $\sqrt{5} - \sqrt{3} - 3$, $-\sqrt{5} - \sqrt{3} - 3$

-計算欄 (memo)-

問 2　放物線 $y = \dfrac{1}{2}x^2$ 上に 2 つの動点 $\mathrm{P}\left(p,\ \dfrac{p^2}{2}\right)$, $\mathrm{Q}\left(q,\ \dfrac{q^2}{2}\right)$ があるとき，以下の問に答えよ。

(1)　線分 PQ の長さの 2 乗を p, q で表すと

$$\mathrm{PQ}^2 = (p-q)^2 \cdot \left\{ \boxed{\ \mathbf{N}\ } + \frac{(p+q)^2}{\boxed{\ \mathbf{O}\ }} \right\} \quad \cdots\cdots \quad ①$$

となる。

-計算欄 (memo)-

(2) 　以下，線分 PQ の中点の y 座標が 1 であるときを考え，PQ^2 の最大値を求めよう。ただし，2 点 P，Q が重なった場合には，その点を中点とする。

　　$p,\ q$ は，関係式

$$p^2 + q^2 = \boxed{\textbf{P}} \quad \cdots\cdots \quad ②$$

を満たして変化する。①，②より

$$\mathrm{PQ}^2 = \left(\boxed{\textbf{Q}} - pq \right) \left(\boxed{\textbf{R}} + pq \right)$$

となる。そこで $t = pq$ とおくと

$$\mathrm{PQ}^2 = \left(\boxed{\textbf{Q}} - t \right) \left(\boxed{\textbf{R}} + t \right)$$

となる。この右辺を t の関数とみて $f(t)$ とおくと，tu 平面上で放物線 $u = f(t)$ の軸は直線 $t = \boxed{\textbf{ST}}$ である。

　　ここで，$(t =)pq = \boxed{\textbf{ST}}$ と②を連立すると

$$\{ p^2,\ q^2 \} = \left\{ \boxed{\textbf{U}} + \sqrt{\boxed{\textbf{V}}},\ \boxed{\textbf{W}} - \sqrt{\boxed{\textbf{X}}} \right\} \text{(順序は考えない)}$$

となる。右辺の値はいずれも正であるから，$pq = \boxed{\textbf{ST}}$ かつ②を満たす実数 $(p,\ q)$ は存在する。

　　以上より，PQ^2 の最大値は，$\boxed{\textbf{Y}}$ である。

-計算欄 (memo)-

Ⅱ の問題はこれで終わりです。Ⅱ の解答欄 **Z** はマークしないでください。

III

自然数 n に対して，n 以下の自然数で n と互いに素であるものの個数を $\varphi(n)$ と表す。ただし，2 つの自然数 a，b が共通な素因数 (1 より大きな公約数) をもたないことを，「a と b は互いに素である」という。これをもとにして，以下の問に答えよ。

(1)　3^k (kは自然数) 以下の自然数で 3 を約数としてもつものの個数は，$3^{k-\boxed{\text{A}}}$ である。したがって，$\varphi\left(3^k\right) = \boxed{\text{B}}\,3^{k-\boxed{\text{C}}}$ である。

(2)　$3^k 5^l$ (k，lは自然数) 以下の自然数について考える。

　　これらのうち，3 を約数としてもつものの個数は，$3^{k-\boxed{\text{D}}}5^l$ である。また，15 を約数としてもつものの個数は，$3^{k-\boxed{\text{E}}}5^{l-\boxed{\text{F}}}$ である。

(3)　次の文中の $\boxed{\text{G}}$，$\boxed{\text{H}}$，$\boxed{\text{I}}$ には，下の選択肢⓪〜⑨の中から適するものを選び，他の $\boxed{}$ には適する数を入れなさい。

　　p，q は $p < q$ を満たす素数で k，l は 2 以上の自然数 とする。$p^k \cdot q^l$ 以下の自然数全体の集合を U とし，その部分集合として

$$A : p を約数としてもつもの$$
$$B : q を約数としてもつもの$$

を考える。このとき，(2) と同様に考えると，集合の要素の個数に関して

$$n\left(\boxed{\text{G}}\right) = p^{k-\boxed{\text{D}}}q^l, \quad n\left(\boxed{\text{H}}\right) = p^{k-\boxed{\text{E}}}q^{l-\boxed{\text{F}}}$$

が成り立つ。

-計算欄 (memo)-

また

$$\varphi\left(p^k \cdot q^l\right) = n\left(\boxed{\text{I}}\right)$$

である。

⓪ A　　　① $\overline{A}$　　　② B　　　③ $\overline{B}$　　　④ $A \cap B$

⑤ $A \cup B$　　⑥ $\overline{A} \cap \overline{B}$　　⑦ $\overline{A} \cup \overline{B}$　　⑧ $\overline{A} \cap B$　　⑨ $A \cap \overline{B}$

以上より

$$\varphi\left(p^k \cdot q^l\right) = p^{k-\boxed{\text{J}}} q^{l-\boxed{\text{K}}}\left(p - \boxed{\text{L}}\right)\left(q - \boxed{\text{M}}\right)$$

となる。よって，$\varphi\left(p^k \cdot q^l\right) = 15600$ のとき

$$q = \boxed{\text{NO}}, \quad l = \boxed{\text{P}}, \quad p = \boxed{\text{Q}}, \quad k = \boxed{\text{R}}$$

である。

-計算欄 (memo)-

III の問題はこれで終わりです。III の解答欄 S ～ Z はマークしないでください。

IV

2 本の半直線 OX, OY があり, 両者のなす角を 2θ ($0° < \theta < 45°$) とする. 2 つの円 C_1, C_2 は, 右図のように半直線 OX にそれぞれ点 H, I において接し, 半直線 OY にも接している. また, C_1, C_2 は互いに外接している.

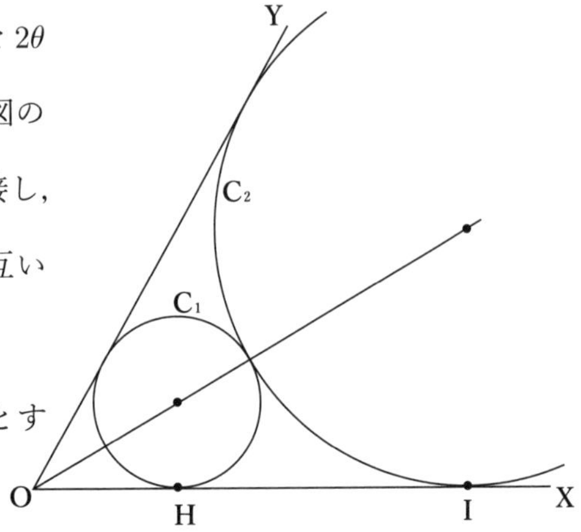

C_1, C_2 の半径をそれぞれ p, q ($0 < p < q$) とするとき, 以下の問に答えよ.

(1) 次の文中の $\boxed{\text{A}}$, $\boxed{\text{B}}$ には, 下の選択肢 ⓪ 〜 ⑨ の中から適するものを選びなさい.

p, q, θ の間には, 等式

$$q = \boxed{\text{A}} \cdot p$$

が成り立つ.

また, 線分 HI の長さを p, q を用いて表すと

$$\text{HI} = \boxed{\text{B}}$$

となる.

$$
\begin{array}{lll}
\text{⓪} \ 1 + \tan\theta & \text{①} \ \dfrac{1 + \sin\theta}{1 - \sin\theta} & \text{②} \ \dfrac{1 - \sin\theta}{1 + \sin\theta} & \text{③} \ \dfrac{1 + \cos\theta}{1 - \cos\theta} & \text{②} \ \dfrac{1 - \cos\theta}{1 + \cos\theta} \\[2ex]
\text{⑤} \ \sqrt{p} + \sqrt{q} & \text{⑥} \ \sqrt{q} - \sqrt{p} & \text{⑦} \ \sqrt{p+q} & \text{⑧} \ \sqrt{pq} & \text{⑨} \ 2\sqrt{pq}
\end{array}
$$

-計算欄 (memo)-

(2)　円 C_3 は，右図のように C_1，C_2 と外接し，点 J に

おいて半直線 OX に接している。C_3 の半径を $r(>0)$

とするとき，(1) の HI と同様にして，線分 HJ の長

さを p，r で，線分 JI の長さを q，r で，それぞれ表

すことができる。これらを利用すると，関係式

$$\sqrt{r} = \boxed{\text{C}}$$

が成り立つことがわかる。ただし，$\boxed{\text{C}}$ には，次

の選択肢 ⓪ 〜 ⑨ の中から適するものを選びなさい。

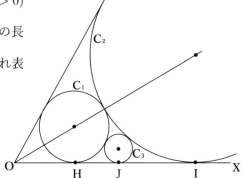

⓪ $\sqrt{p} + \sqrt{q}$　　① $\sqrt{q} - \sqrt{p}$　　② $\sqrt{p+q}$　　③ $\sqrt{pq}$　　④ $2\sqrt{pq}$

⑤ $\dfrac{\sqrt{pq}}{\sqrt{p} + \sqrt{q}}$　　⑥ $\dfrac{\sqrt{pq}}{\sqrt{q} - \sqrt{p}}$　　⑦ $\dfrac{1}{\sqrt{p}} + \dfrac{1}{\sqrt{q}}$　　⑧ $\dfrac{1}{\sqrt{p}} - \dfrac{1}{\sqrt{q}}$　　⑨ $\left(\sqrt{p} + \sqrt{q}\right)^2$

$k = \boxed{\text{A}}$ とおくと，円 C_1，C_3 の半径の比は

$$p : r = \boxed{\text{D}}$$

である。ただし，$\boxed{\text{D}}$ には，次の選択肢 ⓪ 〜 ⑦ の中から適するものを選びなさい。

⓪ $k : 1$　　　　① $(k+1) : k$　　　② $k : (k-1)$　　　③ $\sqrt{k+1} : \sqrt{k-1}$

④ $\left(\sqrt{k} + 1\right) : k$　　⑤ $\left(\sqrt{k} + 1\right)^2 : k$　　⑥ $\left(\sqrt{k} + \sqrt{2}\right) : k$　　⑦ $\left(\sqrt{k} + \sqrt{2}\right)^2 : k$

$p : r = 9 : 4$ となるとき，$k = \boxed{\text{E}}$ であり，$\sin\theta = \dfrac{\boxed{\text{F}}}{\boxed{\text{G}}}$ である。

-計算欄 (memo)-

IV の問題はこれで終わりです。 IV の解答欄 **H** ～ **Z** はマークしないでください。

コース1の問題はこれですべて終わりです。解答用紙の V はマークしないでください。

解答用紙の解答コース欄に「コース1」が正しくマークしてあるか，

もう一度確かめてください。

この問題冊子を持ち帰ることはできません。

第⑩回

（制限時間：80分）

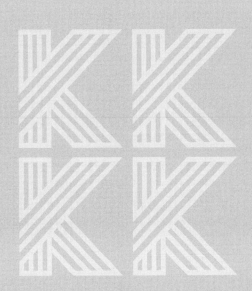

I

問1　2次関数 $f(x) = ax^2 + bx + c$ $(a,\ b,\ c$は実数$)$ の $-1 \leqq x \leqq 1$ における $f(x)$ の最大値を M，最小値を m とする。$a,\ b,\ c$ に関する条件

$$(*) : M = 1,\ m = -1$$

が成り立つとき，以下の問に答えよ。

(1)　$a = 1$ のときを考える。

このとき放物線 $y = f(x)$ の頂点の座標は $\left(-\dfrac{b}{\boxed{\text{A}}},\ c - \dfrac{b^2}{\boxed{\text{B}}} \right)$ である。

$\left| -\dfrac{b}{\boxed{\text{A}}} \right| > 1$，つまり $|b| > \boxed{\text{A}}$ のとき

$$|f(1) - f(-1)| = \boxed{\text{C}}\ |b|\ \boxed{\text{D}}\ M - m(= 2)$$

が成り立つ。ただし，$\boxed{\text{D}}$ には，次の選択肢 ⓪～② の等号・不等号の中から適するものを選びなさい。

[等号・不等号の選択肢]：　⓪ $=$　　① $>$　　② $<$

これをもとに考えると，$(*)$ を満たす組 $(b,\ c)$ は $\boxed{\text{E}}$，$\boxed{\text{F}}$ であることがわかる。ただし，$\boxed{\text{E}}$，$\boxed{\text{F}}$ には，次の選択肢 ⓪～⑦ の中から適するものを，$\boxed{\text{E}}$ の番号 $<$ $\boxed{\text{F}}$ の番号となるように選びなさい。

⓪ $(1 + 2\sqrt{3},\ 1 + 2\sqrt{3})$　　① $(1 - 2\sqrt{3},\ 1 - 2\sqrt{3})$　　② $(-1 + 2\sqrt{3},\ 1 - 2\sqrt{3})$

③ $(-1 - 2\sqrt{3},\ 1 + 2\sqrt{3})$　　④ $(2 + 2\sqrt{2},\ 2 + 2\sqrt{2})$　　⑤ $(2 - 2\sqrt{2},\ 2 - 2\sqrt{2})$

⑥ $(-2 + 2\sqrt{2},\ 2 - 2\sqrt{2})$　　⑦ $(-2 - 2\sqrt{2},\ 2 + 2\sqrt{2})$

-計算欄 (memo)-

(2)　$a = \dfrac{1}{4}$ のときを考える。

このとき放物線 $y = f(x)$ の頂点の座標は $\left(-\boxed{\text{G}}\, b,\ c - b^2 \right)$ である。

$\left| -\boxed{\text{G}}\, b \right| \leqq 1$, つまり $|b| \leqq \dfrac{1}{\boxed{\text{G}}}$ のとき

$$f(\pm 1) - f\left(-\boxed{\text{G}}\, b \right) = \left(b \pm \dfrac{\boxed{\text{H}}}{\boxed{\text{I}}} \right)^2 \boxed{\text{J}}\, M - m (= 2) \ \text{(複号同順)}$$

が成り立つ。ただし，$\boxed{\text{J}}$ には，(1) の [等号・不等号の選択肢] ⓪〜② の中から適するものを選びなさい。

これをもとに考えると，$(*)$ を満たす組 $(b,\ c)$ は，$\boxed{\text{K}}$ であることがわかる。ただし，$\boxed{\text{K}}$ には，次の選択肢 ⓪〜⑦ の中から適するものを選びなさい。

⓪ $\left(\pm\dfrac{1}{4},\ \dfrac{1}{2} \right)$ 　① $\left(\dfrac{1}{4},\ \pm\dfrac{1}{2} \right)$ 　② $\left(\pm 1,\ -\dfrac{1}{4} \right)$ 　③ $\left(-1,\ \pm\dfrac{1}{4} \right)$

④ $\left(\pm\dfrac{3}{2},\ \dfrac{1}{2} \right)$ 　⑤ $\left(\dfrac{3}{2},\ \pm\dfrac{1}{2} \right)$ 　⑥ $\left(\pm\dfrac{3}{2},\ -\dfrac{1}{4} \right)$ 　⑦ $\left(-\dfrac{3}{2},\ \pm\dfrac{1}{4} \right)$

-計算欄 (memo)-

問 2　右図のように 1 辺の長さが 1 の正方形 ABCD の周上を頂点から頂点へと動く点 P がある。P は最初点 A にあり，1 分ごとにサイコロを投げて出た目の数と同じ距離だけ反時計回りに移動する。(例えば，出た目が 5 であれば P は A から B へ移動する。)

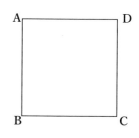

(1)　最初 A にあった点 P が，1 分後に A，B，C，D に位置している確率をそれぞれ p_1，p_2，p_3，p_4 とする。これらの値の組 (p_1, p_2, p_3, p_4) として正しいものは，$\boxed{\text{L}}$ である。ただし，$\boxed{\text{L}}$ には，次の選択肢 ⓪〜⑧ の中から適するものを選びなさい。

⓪ $\left(\dfrac{1}{4}, \dfrac{1}{4}, \dfrac{1}{4}, \dfrac{1}{4}\right)$　　① $\left(\dfrac{1}{2}, \dfrac{1}{6}, \dfrac{1}{6}, \dfrac{1}{6}\right)$　　② $\left(\dfrac{1}{6}, \dfrac{1}{2}, \dfrac{1}{6}, \dfrac{1}{6}\right)$

③ $\left(\dfrac{1}{6}, \dfrac{1}{6}, \dfrac{1}{2}, \dfrac{1}{6}\right)$　　④ $\left(\dfrac{1}{6}, \dfrac{1}{6}, \dfrac{1}{6}, \dfrac{1}{2}\right)$　　⑤ $\left(\dfrac{1}{3}, \dfrac{1}{3}, \dfrac{1}{6}, \dfrac{1}{6}\right)$

⑥ $\left(\dfrac{1}{3}, \dfrac{1}{3}, \dfrac{1}{6}, \dfrac{1}{6}\right)$　　⑦ $\left(\dfrac{1}{3}, \dfrac{1}{6}, \dfrac{1}{6}, \dfrac{1}{3}\right)$　　⑧ $\left(\dfrac{1}{6}, \dfrac{1}{3}, \dfrac{1}{3}, \dfrac{1}{6}\right)$

(2)　最初 A にあった点 P が，2 分後に A，C に位置している確率は，それぞれ $\dfrac{\boxed{\text{M}}}{\boxed{\text{N}}}$，$\dfrac{\boxed{\text{O}}}{\boxed{\text{P}}}$ である。

(3)　最初 A にあった点 P が，1 分後に A，2 分後に C，3 分後に C，4 分後に A に位置している確率は，$\dfrac{1}{\boxed{\text{QRS}}}$ である。

最初 A にあった点 P が，2 分後に A，4 分後に C，6 分後に C，8 分後に A に位置している確率は，$\dfrac{1}{\boxed{\text{TUV}}}$ である。

最初 A にあった点 P が，2 分後，4 分後，6 分後，8 分後において，つねに 2 分前と隣の頂点に位置している確率は，$\dfrac{\boxed{\text{W}}}{\boxed{\text{XY}}}$ である。

-計算欄 (memo)-

Ⅰの問題はこれで終わりです。Ⅰの解答欄　**Z**　はマークしないでください。

II

問1　a は有理数の定数とする。x の 2 次方程式

$$\left(\sqrt{3}+\sqrt{2}\right)^2 x^2 + \left(5a+\sqrt{6}\right)x + 4\sqrt{6}a + 5 = 0 \quad \cdots\cdots \quad ①$$

が有理数解 x をもつときを考える。

$\left(\sqrt{3}+\sqrt{2}\right)^2 = \boxed{\text{A}} + \boxed{\text{B}}\sqrt{\boxed{\text{C}}}$ であることを用いると，①の有理数解 x は

$$x^2 + ax + \boxed{\text{D}} = 0 \quad \cdots\cdots \quad ②$$

$$\boxed{\text{E}}\,x^2 + x + \boxed{\text{F}}\,a = 0 \quad \cdots\cdots \quad ③$$

をともに満たす。②，③から x^2 の項を消去することにより

$$a = \frac{\boxed{\text{G}}}{\boxed{\text{H}}}, \quad \text{または } x = \boxed{\text{I}}\,(\text{これは有理数})$$

が成り立つことがわかる。

よって，①が有理数解 x をもつような a の値をすべて書くと，$\boxed{\text{J}}$ である。ただし，$\boxed{\text{J}}$ には，次の選択肢⓪〜⑨の中から適するものを選びなさい。

⓪ $\dfrac{1}{2}$　　① $-\dfrac{1}{2}$　　② $\dfrac{2}{3}$　　　③ $-\dfrac{2}{3}$　　④ $\dfrac{5}{2}$

⑤ $-\dfrac{5}{2}$　　⑥ $\dfrac{1}{2},\ -\dfrac{2}{3}$　　⑦ $\dfrac{1}{2},\ -\dfrac{5}{2}$　　⑧ $\dfrac{1}{2},\ -\dfrac{2}{3}$　　⑨ $\dfrac{2}{3},\ \dfrac{5}{2}$

-計算欄 (memo)-

問 2　xy 平面上に，放物線 $C : y = x^2$ がある。点 A$(0,\ a)$ $(a > 0)$ と C 上の動点 P$(x,\ y)$ の距離について考えよう。

(1)　線分 AP の長さの 2 乗を，P の y 座標を用いて表すと

$$\text{AP}^2 = y^2 + \left(\boxed{\text{K}} - \boxed{\text{L}} a \right) y + a^2$$

となる。この右辺を y の関数とみて $f(y)$ とおく。y のとり得る値の範囲は，$y \geqq \boxed{\text{M}}$ である。

(2)　(1) の $f(y)$ の最小値は

$$0 < a \leqq \dfrac{\boxed{\text{N}}}{\boxed{\text{O}}} \text{ のとき，} \ a^{\boxed{\text{P}}} \text{ であり，}$$

$$\dfrac{\boxed{\text{N}}}{\boxed{\text{O}}} < a \text{ のとき，} \ a - \dfrac{\boxed{\text{Q}}}{\boxed{\text{R}}} \text{ である。}$$

(3)　$\dfrac{\boxed{\text{N}}}{\boxed{\text{O}}} < a$ のとき，点 A を中心として原点 O を通る円と C の共有点の y 座標は

$$\boxed{\text{S}} , \ \boxed{\text{T}} a - \boxed{\text{U}}$$

であり，共有点の個数は $\boxed{\text{V}}$ である。

-計算欄 (memo)-

　II　の問題はこれで終わりです。II　の解答欄　W　〜　Z　はマークしないでください。

III

n は自然数とする。

ある自然数を 2 乗して得られる自然数：1，4，9，$\cdots$ を平方数という。$M = \left(2n^2 + 4\right)\left(n^2 + 9\right)$ が平方数となるような n を求めよう。

(1)　n を 7 で割った余りが 1，$\boxed{\text{A}}$ であるとき，ある整数 k を用いて $n = 7k \pm 1$ と表せて

$$n^2 = (7k \pm 1)^2 = 7\left(7k^2 \pm 2k\right) + \boxed{\text{B}}$$

となる。よって，n^2 を 7 で割った余りは $\boxed{\text{B}}$ である。これと同様に考えると，n を 7 で割った余り：0，1，2，3，4，5，6 に対して n^2 を 7 で割った余りは，小さい方から順に 0，$\boxed{\text{B}}$，$\boxed{\text{C}}$，$\boxed{\text{D}}$ のいずれかであることがわかる。

-計算欄 (memo)-

(2)　等式

$$2n^2 + 4 = (n^2 + 9) \cdot \boxed{\text{E}} - \boxed{\text{FG}}$$

において互除法の考え方を用いると

$2n^2 + 4$ と $n^2 + 9$ の最大公約数 G は

$n^2 + \boxed{\text{H}}$ と $\boxed{\text{IJ}}$ の最大公約数 G' と等しい。

また，(1) の結果より，$n^2 + 9$ を 7 で割った余りは，小さいものから順に

$$\boxed{\text{K}}, \quad \boxed{\text{L}}, \quad \boxed{\text{M}}, \quad \boxed{\text{N}}$$

のいずれかであるから

$$G = G' = \boxed{\text{O}} \text{ または } \boxed{\text{P}}$$

である。ただし，$\boxed{\text{O}} < \boxed{\text{P}}$ となるように答えなさい。

-計算欄 (memo)-

(3)　例えば平方数 $\left(2^3 \cdot 3^2 \cdot 5 \cdot 7^2\right)^2$ を $\left(2^3 \cdot 7^2\right)^2 \times \left(3^2 \cdot 5\right)^2$ のように互いに素な 2 つの整数の積の形で表した式を見るとわかるように，その 2 つの整数はどちらも平方数となる。

以下，M が平方数となるときを考え，(2) の結果を用いて n を求めよう。

(2) において $G = \boxed{\text{O}}$ のとき，$2n^2 + 4$，$n^2 + 9$ は互いに素であるからどちらも平方数である。よって，$n^2 + 9 = a^2$ (a は自然数) とおけて，これにより，$a = \boxed{\text{Q}}$，$n = \boxed{\text{R}}$ となる。このとき，$M = \boxed{\text{ST}}^2$ はたしかに平方数である。

(2) において $G = \boxed{\text{P}}$ のとき，$\dfrac{2n^2 + 4}{\boxed{\text{P}}}$，$\dfrac{n^2 + 9}{\boxed{\text{P}}}$ は互いに素であるからどちらも平方数である。

よって，$n^2 + \boxed{\text{U}} = b^2$ (b は自然数) とおけるが，これを満たす自然数の組 $(b,\ n)$ は存在しない。

以上より，M が平方数となる自然数 n は，$n = \boxed{\text{V}}$ である。

-計算欄 (memo)-

III の問題はこれで終わりです。III の解答欄 W ～ Z はマークしないでください。

IV

右図のように，三角形 OAB を含む平面と，それに垂直な線分 OT からなる立体があり，OT $= 1$，$\angle$BOA $= 120°$ とする。また，$\angle$OAT，$\angle$OBT をそれぞれ α，β とおく。以下の問に答えよ。

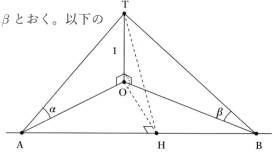

(1)　OA $= \dfrac{\boxed{\text{A}}}{\tan \alpha}$ である。

O から直線 AB に垂線 OH を引くと，

三角形 OAB の面積に注目することにより

$$\text{AB} \cdot \text{OH} = \dfrac{\sqrt{\boxed{\text{B}}}}{\boxed{\text{C}}}\,\text{OA} \cdot \text{OB}$$

が成り立つことがわかる。

(2)　次の文中の $\boxed{\text{G}}$ には，下の選択肢 ⓪ ～ ⑦ の中から適するものを選び，他の $\boxed{}$ には適する数を入れなさい。

(1) の H に対して，$\angle$OHT を γ とおく。(1) の結果を利用すると

$$\tan \gamma = \dfrac{\boxed{\text{D}}\sqrt{\boxed{\text{E}}}}{\boxed{\text{F}}} \cdot \boxed{\text{G}}$$

が成り立つ。

⓪ $\sqrt{\cos^2 \alpha + \cos^2 \beta + \cos \alpha \cos \beta}$　　① $\sqrt{\cos^2 \alpha + \cos^2 \beta - \cos \alpha \cos \beta}$

② $\sqrt{\cos^2 \alpha + \cos^2 \beta + 2\cos \alpha \cos \beta}$　　③ $\sqrt{\cos^2 \alpha + \cos^2 \beta - 2\cos \alpha \tan \beta}$

④ $\sqrt{\tan^2 \alpha + \tan^2 \beta + \tan \alpha \tan \beta}$　　⑤ $\sqrt{\tan^2 \alpha + \tan^2 \beta - \tan \alpha \tan \beta}$

⑥ $\sqrt{\tan^2 \alpha + \tan^2 \beta + 2\tan \alpha \tan \beta}$　　⑦ $\sqrt{\tan^2 \alpha + \tan^2 \beta - 2\tan \alpha \tan \beta}$

-計算欄 (memo)-

(3)　$\tan\alpha + \tan\beta = \dfrac{1}{\sqrt{3}}$（一定）のときを考える。$t = \tan\alpha$ とおくと，t のとり得る値の範囲は $0 < t < \dfrac{1}{\sqrt{3}}$ であり，(2) の結果を用いると，$\tan\gamma$ は $t = \dfrac{\sqrt{\boxed{\text{H}}}}{\boxed{\text{I}}}$ のときに最小となることがわかる。また，γ の最小値は $\boxed{\text{JK}}^{\circ}$ である。

-計算欄 (memo)-

IV の問題はこれで終わりです。 IV の解答欄 L ～ Z はマークしないでください。

コース 1 の問題はこれですべて終わりです。解答用紙の V はマークしないでください。

解答用紙の解答コース欄に「コース 1」が正しくマークしてあるか，

もう一度確かめてください。

この問題冊子を持ち帰ることはできません。

解答・解説

第 1 回

問 Q.		問題番号 row	正解 A.
I	問1	ABC	244
		DEF	212
		G	3
		H	7
	問2	IJK	121
		LMNO	2021
		PQR	521
		STUV	1621
		WXYZ	6184
II	問1	ABC	323
		DEF	243
		GH	− 1
		I	7
	問2	JKLM	3211
		N	2
		OPQ	212
		RS	− 1
		TUV	− 12

問 Q.		問題番号 row	正解 A.
III		ABCD	2221
		EF	11
		G	0
		H	4
		IJ	31
		KLM	− 64
IV		AB	37
		CD	21
		EF	21
		GH	47
		I	2
		JK	90
		LM	63
		NOPQR	53216
		STUVW	13327

【1－1．ポイント解説】

○ p については，$a \to \dfrac{1}{a} \to \dfrac{1}{2a} \to -\dfrac{1}{2a}$ の順に変域を考える。

○ q については，$q = p\left(p + \dfrac{1}{2}\right)$ と因数分解してグラフを描くとよい。

【1－2．ポイント解説】

(1) $\dfrac{{}_4\mathrm{C}_3}{{}_9\mathrm{C}_3}$

(2) (1) の余事象。

(3) $\dfrac{{}_6\mathrm{C}_3}{{}_9\mathrm{C}_3}$

(4) (3) の余事象。

(5) 「(2) かつ (4)」です。

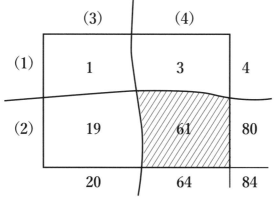

「(1) かつ (3)」は，$\{\,2,\ 4,\ 6\,\}$ の 1 通りのみ。

【2－1．ポイント解説】

○　(3) は，$b < 0$ より

$$x < \frac{3a^2 - b^2}{ab}$$

○　①1 または (2) により，$b < 0$ を見抜く。

【2－2．ポイント解説】

　f や g ではなく，$f - g$ のグラフを考える。

　(3) の最後だけは，g を用いて y 座標を求める。

【3．ポイント解説】

○　低次の文字 y について整理するのがセオリー。

○　2 つの約数について，差の符号から両者の大小，差の偶奇から両者の偶奇の一致・不一致を限定する。

【4．ポイント解説】

○　角の二等分線に関する基礎確認です。

○　r_1 は面積利用。r_2 は接線の長さが等しいことから，$\dfrac{AD + AE - DE}{2}$。

第2回

問 Q.		問題番号 row	正解 A.
I	問1	A	8
		B	2
		CDEFG	− 7217
		HIJ	− 12
		KL	12
	問2	MNO	120
		PQ	40
		RS	40
		TU	60
		VW	20
II	問1	ABCDE	72103
		F	1
		G	2
		HI	45
		JK	83
		LMN	173
		O	5
	問2	PQ	33
		RS	62
		TUVW	2324
		XY	92

問 Q.		問題番号 row	正解 A.
III		A	3
		BC	85
		DE	23
		FGHI	2538
		JK	32
		LMNOPQ	659821
IV		A	3
		BCDE	2524
		FGHI	1312
		JK	13
		LM	17
		NOP	223
		QRST	3348
		UV	62
		WX	23
		YZ	89

【1－1．ポイント解説】

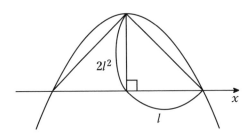

$2l^2 = l$ より $l = \dfrac{1}{2}$ とするのが良策。

【1－2．ポイント解説】

「正十角形の頂点」と書かれていても，このように「円周を１０等分する点」と捉えるとよい。

(1)　　${}_{10}\mathrm{C}_3$

(2)　　$\underbrace{10}_{頂点} \times \underbrace{4}_{底辺}$ 。「10」が３の倍数でないので，正三角形が出来ない。

(3)　　$\underbrace{5}_{直径} \times \underbrace{8}_{他の頂点}$　　or　　$\underbrace{10}_{直角} \times \underbrace{4}_{対辺}$

(4)　　$\underbrace{10}_{鈍角} \times \underbrace{6}_{対辺}$ 。円の中心が三角形の外部にくるものを数える。

(5)

　　　(1) － (3) － (4) 。or　10個の「36°」の分け方：

$$3 + 3 + 4,\ 2 + 4 + 4$$

　　を考える。(この考えは，(3)(4) でも使える。)

【2−1．ポイント解説】

○ (1) は $\sqrt{10}$ と 3, 4 の大小に帰着。

○ 「つなぎ目」と「傾き」だけでグラフを描くのがポイントです。

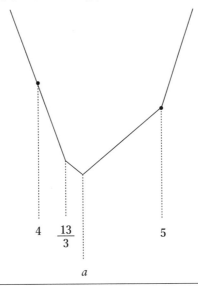

【2−2．ポイント解説】

$u = t^2$ と置換すれば

$$V = 2\pi \cdot u(3 - u) \ (0 \leq u \leq 3)$$

【3．ポイント解説】

○ (3)$8x - 5y = 3l$ より，(2) の「b」に「$3l$」を当てはめる。

【4．ポイント解説】

○ 　$\boxed{A}$　は，「弧，弦が等しい」$\Longleftrightarrow$「円周角が等しい」という性質の確認です。「同一な弧」に対する円周角が一致することは見抜けても，「別の弧だけど長さが等しい」場合には見落としがちです。

○ 　$AE : EC = 2 : 1$ の方は，角の二等分線の性質からでも求まります。

第 3 回

問 Q.		問題番号 row	正解 A.
I	問 1	AB	− 2
		C	4
		D	1
		EFG	442
		HI	58
	問 2	JKLM	5108
		NOP	124
		QRS	136
		TU	49
		VWXYZ	11216
II	問 1	ABC	423
		D	2
		EF	11
		GH	− 5
		IJ	− 5
		KL	70
		MN	− 8
	問 2	O	4
		P	2
		QRS	− 22
		TUVW	− 225

問 Q.		問題番号 row	正解 A.
III		ABCDE	23327
		FG	24
		HIJK	1560
		LMN	215
		OPQ	241
		R	6
IV		A	2
		B	7
		CDEF	3060
		G	3
		HIJ	333
		KLMN	1681
		O	4
		PQR	116

【1－1．ポイント解説】

　2つの条件を用いると

$$c = 1 - a + b, \ c = 1 + \frac{b}{2a} + \frac{b^2}{4a}$$

よって，c の存在も確保される。

【1－2．ポイント解説】

(1)　まず，組合せ $\{a, \ b, \ c\} = \{1, \ 1, \ 4\}$，$\{1, \ 2, \ 3\}$，$\{2, \ 2, \ 2\}$ を求める。

(2)　同様に，$\{a, \ b, \ c\} = \{1, \ 1, \ 6\}$，$\{1, \ 2, \ 3\}$。

(3)　$a = b = c$。「$(a - b)^2 + (b - c)^2 = 0$」でも同じですね。

(4)　「$a, \ b, \ c$ のどれかが等しい」。余事象は，「全て相異なる」で，$_6\mathrm{P}_3$ 通り。

(5)　$E:$「$a = 1$かつ$b = 2$」，$F:$「$b = 2$かつ$c = 3$」　として，$P(E \cup F)$。

　　　$E \cap F$ は，「$a = 1$かつ$b = 2$かつ$c = 3$」。

【2－1．ポイント解説】

○　$p + q\sqrt{3} = 0 \Longrightarrow p = q = 0$。

○　(3) は，前半：$a^2, \ b^2$ の対照式。後半：$a^4 - 8a^2 = -4$ などを利用。

【2－2．ポイント解説】

イメージ図は次の通り。

「a を実数とし，」を，意図的に入れませんでした。本番でもときどき抜け落ちるので。

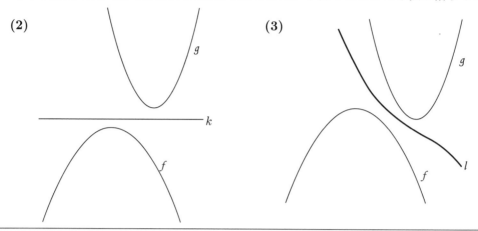

(2)

(3)

【3．ポイント解説】

○　(2)　$(3p + 1)(2q + 1)(r + 1) = 2 \cdot 3^2 \cdot 7$

$3p + 1 \equiv 1 \pmod 3$ より，$3p + 1 = 7$ 。

$2q + 1 \equiv 1 \pmod 2$ より，$2q + 1 = 3,\ 9$ 。

○　(3)　$n = 2^6 \cdot 3^2 \cdot 7^5$，

「総和」$= (1 + 2 + 4 + 8 + 16 + 32 + 64)\,(1 + 3 + 9)\,(1 + 7 + 7^2 + \cdots + 7^5)$

$\equiv 1 \cdot (-1) \cdot 1 \equiv 6 \pmod 7$

$$(7\bigcirc + 1)(7\triangle + 2) = 7 \times 整数 + 2 \, だね。$$

のようにやれば OK。

【4．ポイント解説】

○　$\mathrm{OB}=\dfrac{1}{\cos\theta}$。

○　扇形2つを合わせると四分円。

○　$1+\tan^2\theta=\dfrac{1}{\cos^2\theta}$。

第 4 回

問 Q.		問題番号 row	正解 A.
II	問1	A	2
		BC	− 8
		D	6
		EFG	− 12
	問2	HIJ	160
		KLM	161
		NOP	560
		QR	12
II	問1	AB	12
		C	0
		D	4
		E	9
		F	2
	問2	GH	24
		I	0
		JK	23
		L	9
		M	3
		N	4

問 Q.		問題番号 row	正解 A.
III		AB	11
		C	6
		D	3
		EF	36
		GH	94
IV		AB	13
		C	1
		DE	43
		F	1
		GHI	173
		JKL	379
		MNO	342
		PQRS	5122
		TUV	344
		W	3
		X	9

【1－1 ポイント解説】

平行移動の2通りの扱い。

(1)　公式：$y - b = f(x - a)$ が有利。

(2)　頂点 $\left(-\dfrac{a}{6}, \ 1 - \dfrac{a^2}{12} \right)$ の移動が有利。

【1－2 ポイント解説】

(1)　${}_6\mathrm{C}_3 \left(\dfrac{1}{3} \right)^4 \left(\dfrac{2}{3} \right)^3 = \dfrac{160}{3^7}$

(2)　余り $(0,\ 1,\ 2)$ の回数の組は $(0,\ 5,\ 2)$, $(2,\ 4,\ 1)$, $(4,\ 3,\ 0)$。

$$\left({}_7\mathrm{C}_2 + \dfrac{7!}{2!4!} + {}_7\mathrm{C}_3 \right) \left(\dfrac{1}{3} \right)^7 = \dfrac{21 + 105 + 35}{2^7} = \dfrac{161}{3^7}$$

後半は，余り1，2を"束ねて"考えて

$$ {}_7\mathrm{C}_3 \left(\dfrac{2}{3} \right)^4 \left(\dfrac{1}{3} \right)^3 = \dfrac{560}{3^7}$$

〈注〉「道のり」＝「動いた軌跡の長さ」。

(3)　題意の事象は，「奇数の目が偶数回」。その余事象は「奇数の目が奇数回, i.e. 1，3，5回」。

よって

$$1 - ({}_6\mathrm{C}_1 + {}_6\mathrm{C}_3 + {}_6\mathrm{C}_5) \left(\dfrac{1}{2} \right)^7 = 1 - \dfrac{6 + 20 + 6}{2^6} = 1 - \dfrac{1}{2} = \dfrac{1}{2}$$

〈参考〉回数が何回であっても，偶数，奇数の確率は等しくなります。

【2−1ポイント解説】

○　$2\,|\,x-2a\,|\,<1+x^2 \leftarrow$ 必ず正

　　$-1-x^2<2x-4a<1+x^2$

○　(1) の結果は $(x-1)^2+4a>0,\ (x+1)^2-4a>0$ とまとまり，a の符号が重要である

　　ことが見える。

【2−2ポイント解説】

○　$a\geqq 0$ より $\dfrac{a+2}{4}<a+\dfrac{1}{2}$(定義域中央) は確定。

○　$M(a)+m(a)=\begin{cases}-\dfrac{9}{8}a^2+\dfrac{1}{2}a-\dfrac{1}{2} & (0\leqq a<\dfrac{2}{3}) \to 軸は a=\dfrac{2}{9}\\[3mm] -a & (\dfrac{2}{3}<a)\end{cases}$

【3ポイント解説】

○　$a\equiv b\ (\mathrm{mod}\ p) \Longleftrightarrow p\,|\,a-b$ の確認。

○　連続整数の積は○○の倍数となる。

○　$2\,|\,m$ はつねに成り立つので，$9\,|\,m$ となるための条件を考えてもよい。

○ $k=3l+1$ のとき

$$m\equiv 3l+6 \quad (\mathrm{mod}\ 9)$$
$$=3(l+2)$$

○ $18\,|\,m \Longleftrightarrow \begin{cases}6\,|\,m かつ\\ 9\,|\,m\end{cases}$

【4 ポイント解説】

(1) △ABC で余弦定理 → △ABH, △ACI に注目

(2) 2 辺比夾角 or BCHI が円に内接。

相似比は AH : AB = 1 : 3

(3) 2 角相当。

△PHC, △PIB で三平方の定理。

(4)
△AHP で三平方の定理。
$$AQ : QP = \triangle AHI : \triangle PHI$$
$$= 1 \cdot \frac{4}{3} : \frac{3}{4}\sqrt{2} \cdot \frac{5}{12}\sqrt{2}$$
$$= \frac{4}{3} : \frac{15}{24}$$
$$= 32 : 15$$

〈注〉 P は △ABC の垂心。

第 5 回

問 Q.		問題番号 row	正解 A.
I	問 1	AB	− 1
		CD	− 2
		EFGH	− 132
		IJK	− 21
	問 2	LMN	225
		OP	15
		QR	10
		ST	20
		UV	70
		WXY	100
		Z	7
II	問 1	AB	11
		CD	28
		EF	27
		G	4
		H	2
		IJKLM	14343
		N	4
		O	5
	問 2	PQ	21
		RS	54
		TU	32
		V	2
		WX	23

問 Q.		問題番号 row	正解 A.
III		AB	22
		CDE	021
		FG	58
		H	6
		IJ	24
		KLMNOP	241315
IV		A	2
		BC	24
		DEFG	2224
		HIJK	1213
		L	0
		MN	13
		OP	63

【1−1 ポイント解説】

○　まずは，　①が因数分解では解決しないことを確認させる。

○　(2) と (3) は独立した問題。

○　(1) で，つねに $f(2) \geqq 0$ であることに気付かせる。

○　(3) は，軸：$x = -a$ が $x \leqq 0,\ 0 < x \leqq 2$ のどちらにあるかで分けるのが正しい。

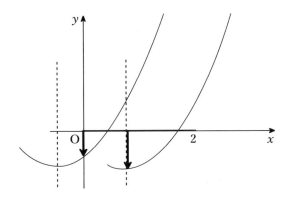

【1−2 ポイント解説】

(1)　$({}_6C_2)^2 = 15^2 = 225,\ {}_6C_2 = 15$

(2)　${}_5C_2 = 10,\ 2 \cdot {}_5C_2 = 20$

　　　$1 \cdot {}_6C_2 + 2 \cdot {}_5C_2 + 3 \cdot {}_4C_2 + 4 \cdot {}_3C_2 + 5 \cdot {}_2C_2$

　$= 1 \cdot 15 + 2 \cdot 10 + 3 \cdot 6 + 4 \cdot 3 + 5 \cdot 1$

　$= 15 + 20 + 18 + 12 + 5 = 70$

(3)　　$225 - (70 + 70 - 15) = 100$

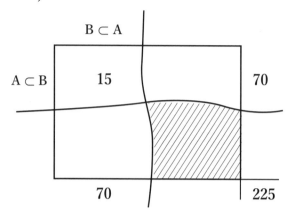

(4)　　$A \cap B = \varnothing$ となる取り出し方は，(2) と同様に場合分けして

$$(1 + 0 + 1) + (3 + 1 + 1 + 3) + (6 + 3 + 2 + 3 + 6) = 2 + 8 + 20 = 30$$

求める数は，$225 - 30 = 195$

【2－1 ポイント解説】

○　(1) では，有理数・無理数に関する例の一意性を使ってしまっています。

○　$18^2 = 324$，$19^2 = 361$ は暗記したい。

○　$\sqrt{7} - 2$ と $\dfrac{\dfrac{4}{7} + \dfrac{5}{7}}{2} = \dfrac{9}{14}$ の大小を調べると，1372 と 1369 に大小に帰着。

【2－2 ポイント解説】

○　(2)(3) は，(1) の結果より，$b^2 - 4(a^2 - 1) = 0$ を使って解く方がきれい。

○　(3) で，重解：$x = -\dfrac{b}{2(a + 1)} = -\dfrac{2}{b}$　　i.e.$b^2 = 4(a + 1)$

　　もちろん $\left(-\dfrac{2}{b},\ 1 - \dfrac{4}{b^2} \right)$ を C_2 の式へ代入してもできますが，面倒です。

○　(1) を満たす b の存在条件から，$a < -1,\ 1 \leqq a$ 。

　　これにより，C_2 の頂点の y 座標：$\dfrac{1}{a}$ の範囲を問うこともできる。

【3ポイント解説】

$$2r^2 + 10r + 16 \equiv 0 \quad (\text{mod } 22)$$
$$2 \cdot 11 \mid 2\left(r^2 + 5r + 8\right)$$
$$11 \mid r^2 + 5r + 8$$
$$11 \mid r^2 - 6r + 8 = (r-2)(r-4)$$
$$11 \mid r - 2, \ \text{or} 11 \mid r - 4 \ (\because 11\text{は素数})$$
$$r - 2 = 0, \ 11 \quad r - 4 = 0, \ 11$$

「**0 は 22 の倍数**」を再確認させる。

【4ポイント解説】

○　(2) では，「cos」「－」「逆数」により，大小が 3 回入れ替わる。よって，分母の 2 次関数が「最小」のとき，角 θ は「最大」。

○　角 θ が最大のとき，$\angle\text{OCM} = 90°$ は，直観的にも納得。

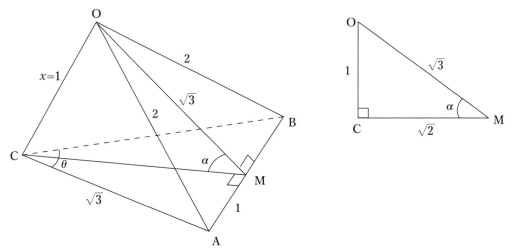

〈**参考**〉θ より，$\angle\text{CAM}$ を考えた方が計算量は少なくて済む。

第6回

問Q.		問題番号 row	正解A.
I	問1	A	9
		B	5
		C	5
		DEF	− 25
		G	3
		H	1
		I	5
		J	7
II	問1	KL	12
		MNO	521
		PQRS	2243
		TUVWXY	121226
		ABCDE	32242
		F	2
		GHI	212
		J	6
		KL	43
	問2	M	1
		N	5
		O	4
		P	2
		QR	54
		STUV	1232
		WX	13
		YZ	01

問Q.		問題番号 row	正解A.
III		ABC	144
		DE	12
		FG	64
		H	8
		IJK	136
		LM	11
		NO	63
		P	5
		QR	12
		STUV	4211
		WXY	337
IV		AB	10
		CD	45
		E	5
		F	4
		G	4
		HI	32

【1－1．ポイント解説】

○　情報を持つ文字 p, q, c で表す。

○　定数 $\dfrac{k(k+1)}{2}$, $\dfrac{k(k-1)}{2}$, $1-k^2$ の符号に注目。

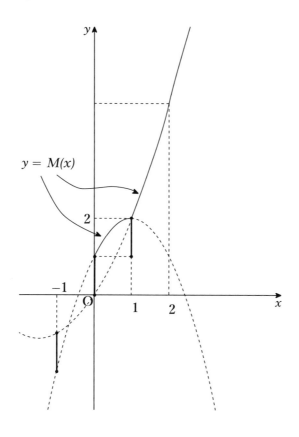

【1－2ポイント解説】

(1)　直接求まる条件付き確率

$$\frac{10+1}{21+1} = \frac{1}{2}$$

(2)　$\dfrac{10}{21} \cdot \dfrac{11}{22} = \dfrac{5}{21}$

(3)　直接求まらない条件付き確率

$$\frac{\dfrac{11}{21} \cdot \dfrac{10}{21}}{\dfrac{11}{21} \cdot \dfrac{10}{21} + \dfrac{10}{21} \cdot \dfrac{11}{22}} = \frac{22}{22 + 21} = \frac{22}{43}$$

(4)　直接求まらない条件付き確率。「$X + Y$ が偶数」とは「X, Y の偶奇が一致」。

$$\frac{\dfrac{11}{21} \cdot \dfrac{11}{21}}{\dfrac{11}{21} \cdot \dfrac{11}{21} + \dfrac{10}{21} \cdot \dfrac{11}{22}} = \frac{\dfrac{11}{21}}{\dfrac{11}{21} + \dfrac{5}{11}} = \frac{11^2}{11^2 + 5 \cdot 21} = \frac{121}{226}$$

　　条件付き確率は，あまり出ていないようですが，一応範囲内であり，スタンダードなものを一度はやっておくべきでしょう。

【2－1 ポイント解説】

○　問題文冒頭に，言葉で書かれた条件「a は正」に注意。

○　低次の文字について整理することを思い出させる。

○　$x = \dfrac{1 - a}{2}$, $x^2 + ax + 2 = 0$。判別式は $a^2 - 8$

○　$x = \dfrac{1 - a}{2}$ を見つけて因数定理を用いるのは，アドバンスコースの内容。しかも計算が煩雑。

【2−2ポイント解説】

○　(2) 判別式連立。m, n の値は，厳密には接点の x 座標と 1 の大小を吟味して初めて「答え」となる。

○　(3) $\dfrac{a+1}{2}$, $\dfrac{a-1}{2}$, 1 の位置関係を考える。

前半：$\dfrac{a-1}{2} < 1 < \dfrac{a+1}{2}$ より $1 < a < 3$

後半：$\dfrac{\dfrac{a-1}{2} + \dfrac{a+1}{2}}{2} > 1$ も合わせて，$2 < a < 3$

もしくは傾き $m = a - 2 > 0$ を用いる。

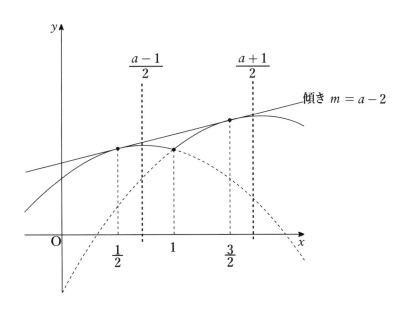

【3 ポイント解説】

$$b = 5c - 12a + \frac{4(2c - a)}{11}$$
$$11 \mid 2c - a, \quad -5 \leq 2c - a \leq 13 (\because 1 \leq c, \ a \leq 7)$$
$$2c - a = 0, \ 11$$

よって，次表。

c	1	2	3	6	7
a	2	4	6	1	3
b	負	負	負	22	3

整数論を正しく教えるなら

$136a + 11b = 63c$ を 11 でまとめて $\qquad$ $11(12a + b - 5c) = 4(2c - a)$

とはいえ，いざとなったら「一文字について解く」という非常手段を用いることもある。

ここで用いた「分子の低次化」は，第 5 回の 4 番：図形でも使いました。

【4 ポイント解説】

(1) 正弦定理，接弦定理

(2) 余弦定理，方べきの定理

(3) 方べきの定理の証明で用いる相似。

〈参考〉 $\angle BDC = 90° - \angle ABC$ です。

第7回

問 Q.		問題番号 row	正解 A.
I	問1	AB	32
		CD	94
		EF	32
		G	4
		HIJK	3415
		LM	15
		NO	53
	問2	PQ	81
		RST	116
		UV	65
		W	5
II	問1	A	1
		B	1
		C	1
		D	3
		E	4
		F	2
		G	0
		HIJ	232
		K	2
		L	0
	問2	M	2
		N	3
		O	3
		PQ	73
		R	3
		ST	23
		U	2
		V	2
		WXY	210
		Z	0

問 Q.		問題番号 row	正解 A.
III		A	4
		BC	66
		DE	22
		F	7
		G	2
		H	0
		IJ	97
		KLM	107
		N	2
		OP	98
IV		A	5
		BC	53
		DE	32
		FG	45
		HIJ	258
		KL	58
		MNOP	5118
		QRST	3214

【1−1ポイント解説】

頂点で最大より，グラフは上に凸ゆえ $a > 0$。

定義域内に軸があるから $(-1 <) \dfrac{3}{2} \leqq a$

a と 4 の大小で場合分け。ii) では，$m < 0$ となってしまう。

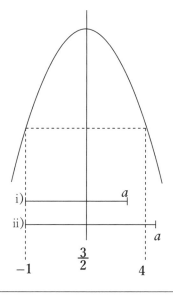

【1−2ポイント解説】

(1) $\left(\dfrac{9}{12}\right)^4 = \left(\dfrac{3}{4}\right)^4 = \dfrac{81}{256}$

(2) $\left(\dfrac{6}{12}\right)^4 = \left(\dfrac{1}{2}\right)^4 = \dfrac{1}{16}$

(3) $\left(\dfrac{9}{12}\right)^4 - \left(\dfrac{6}{12}\right)^4 = \left(\dfrac{3}{4}\right)^4 - \left(\dfrac{2}{4}\right)^4 = \dfrac{81 - 16}{4^4} = \dfrac{65}{256}$

$$\dfrac{6^4 - (3^4 + 4^4 - 1^4)}{12^4} = \dfrac{6^4 - 336}{12^4} = \dfrac{5}{108}$$

【2－1 ポイント解説】

(1)　$(a-1)x > (a-1)(a+1)$

(2)

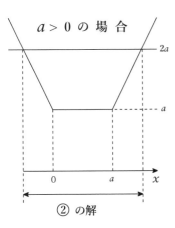

(3) 計算しても解けるが，右図が簡明。

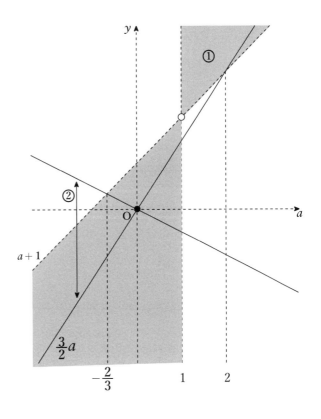

【2－2ポイント解説】

(1)　$x = 0$ は解ではない。

(2)　$(a - b)(t - 3) = 0$

差をとる理由は，a, b が互換されているから。

$t = 3$ 以外の解も共有するのは，$a = b$ のときのみ。

$3 = x + \dfrac{1}{x}$　　$x^2 - 3x + 1 = 0$　　判別式 > 0

(3)　$t = x + \dfrac{1}{x}$　　$x^2 - tx + 1 = 0$　　判別式 $= t^2 - 4$

⑥かつ $-a - 3$, $a - \dfrac{2}{3} \in (-2,\ 2)$, $-a - 3 \neq a - \dfrac{2}{3}$。

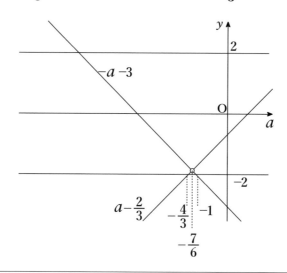

【3 ポイント解説】

(1)   3, 6, 9($= 3^2$) にある素因数を数えてもよい。

(2)

$200 = 3 \cdot 66 + 2$

$200 = 3^2 \cdot 22 + 2$

$200 = 3^3 \cdot 7 + 11$

$200 = 3^4 \cdot 2 + 38$

$\therefore f(200) = 66 + 22 + 7 + 2 = 97$

(3)

$f(93) = 31 + 10 + 3 + 1 = 45$

$f(107) = 35 + 11 + 3 + 1 = 50$

$\therefore g(93) = f(200) - \{ f(93) + f(107) \} = 97 - (45 + 50) = 2$

k	92	93	94	95	96	97	98	99
$f(k)$の直前からの増加量		+1	0	0	+1	0	0	+2
$200 - k$	108	107	106	105	104	103	102	101
$f(200 - k)$の直前からの増加量		-3	0	0	-1	0	0	-1

⬭：9 の倍数

【4 ポイント解説】

(1) $x = \mathrm{AC}$ とおいて

$$6^2 = 5^2 + x^2 - 2 \cdot 5 \cdot x \cdot \frac{7}{25}$$

$$5x^2 - 14x - 55 = 0.$$

$$(x - 5)(5x + 11) = 0 \therefore x = \mathrm{AC} = 5$$

$\mathrm{K_1}$ の半径 $= 4 \cdot \dfrac{3}{8} = \dfrac{3}{2}$

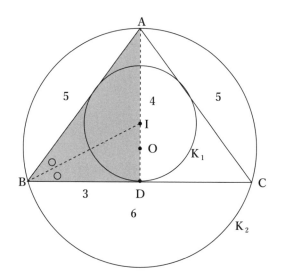

(2) $\mathrm{K_2}$ の半径 $= \dfrac{1}{2} \cdot \dfrac{5}{\frac{4}{5}} = \dfrac{25}{8}$

$$\mathrm{OI} = \frac{25}{8} - \left(4 - \frac{3}{2}\right) = \frac{5}{8}$$

(3) 前半：S と平面 ABC の交円は $\mathrm{K_1}$。

$$\frac{15}{4} : \frac{25}{8} : \mathrm{PH} = 6 : 5 : y \text{とおいて,} \quad y = \sqrt{11} \quad \therefore \mathrm{PH} = \frac{5}{8}\sqrt{11}$$

後半：S と平面 ABC の交円は $\mathrm{K_2}$。

$$\frac{15}{4} : \frac{3}{2} : \mathrm{PH} = 5 : 2 : z \text{とおいて,} \quad z = \sqrt{21} \quad \therefore \mathrm{PH} = \frac{3}{4}\sqrt{21}$$

第 8 回

問 Q.		問題番号 row	正解 A.
I	問 1	A	3
		B	2
		CD	43
		EFG	− 62
		H	3
		IJKL	− 193
	問 2	MNO	715
		PQR	126
		STU	680
		V	5
		W	5
		XYZ	558
II	問 1	A	5
		BC	22
		DE	28
		FGH	228
		IJ	− 1
		KL	82
	問 2	MN	13
		OP	13
		Q	2
		R	3
		STUVW	24343
		XYZ	422

問 Q.		問題番号 row	正解 A.
III		ABCDE	24346
		FGH	443
		I	7
		J	7
		K	7
IV		AB	32
		C	5
		DEF	690
		GH	29
		IJ	45
		KL	32
		M	4
		NOP	745
		QR	28
		ST	45
		UVWXY	11322

【1－1ポイント解説】

(2) は，(1) を使ってもよいし，判別式を用いてもよい。

(3) は，$a = -6$ の"意味"を理解していれば簡単。

(4) $f(3) = 2(a + 6) < 0$

より，$x = 3$ は整数解。よって，題意の条件は $x = 2$ または $x = 4$ が解となること。

$$f(4) = 3\left(a + \frac{19}{3}\right) \leqq 0 \text{ または } f(2) = a + 7 \leqq 0$$

より，$a \leqq -\dfrac{19}{3}$

【1－2ポイント解説】

	odd	○		○		○		○		○		○		○
		1	2	3	4	5	6	7	8	9	10	11	12	13
					白							赤		

「$^{1)}$」のような番号の順に求めています。

	$B1$	$B2$	
$A1$	121	$5^{6)}$	$126^{2)}$
$A2$	$558^{8)}$	$30^{7)}$	588
$A3$	1	$0^{5)}$	1
	$680^{4)}$	$35^{3)}$	$715^{1)}$

【2−1ポイント解説】

$$x = \sqrt{2+a} + \sqrt{2} \Longrightarrow \frac{1}{x} = \frac{\sqrt{2+a}-\sqrt{2}}{a} \Longrightarrow \frac{a}{x} = \sqrt{2+a}-\sqrt{2} \Longrightarrow x + \frac{a}{x} = 2\sqrt{2+a}$$

(3) $\quad x^2 + \dfrac{1}{x^2} = 6$

$\qquad x^3 - \dfrac{1}{x^3} = 14$

$\qquad x^5 - \dfrac{1}{x^5} = \left(x^2 + \dfrac{1}{x^2}\right)\left(x^3 - \dfrac{1}{x^3}\right) - \left(x - \dfrac{1}{x}\right)$

$\qquad\qquad = 6\cdot 14 - 2 = 82$

$\quad x = \sqrt{2}-1$ の 5 乗を計算しても出来ますが，面倒です。

【2−2ポイント解説】

(1) 連立すると $3x^2 - ax + \dfrac{a-1}{3} = 0$

$\quad$ 因数分解してもよし。解と係数の関係を使ってもできる。

(2) $m_1 = \dfrac{q^2 - p^2}{q - p} \quad \left(p := \dfrac{1}{3}, \;\; q := \dfrac{a-1}{3}\right)$

$\qquad = p + q = \dfrac{a}{3}$

$\quad$ P の座標は $\left(\dfrac{a}{4}, \; \dfrac{a^2}{8} - \dfrac{a}{3} + \dfrac{1}{3}\right)$

$\quad m_2 - m_1 = \left(\dfrac{a}{2} - \dfrac{4}{3} + \dfrac{4}{3a}\right) - \dfrac{a}{3} < 0$

$\quad a^2 - 8a + 8 < 0 \,(\because a > 0)$

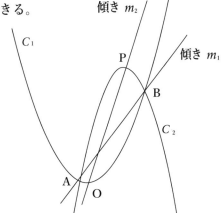

【3 ポイント解説】

　前半では，同値関係 $|x| < k \Longleftrightarrow -k < x < k$ (ただし，$k > 0$)

を，右向き，左向きの順に使っています。

$$\left| \frac{a}{b} - \sqrt{2} \right| < \frac{2}{b^3}$$

$$(0 <)\sqrt{2} - \frac{2}{b^3} < \frac{a}{b} < \sqrt{2} + \frac{2}{b^3}$$

$$2 - \frac{4\sqrt{2}}{b^3} + \frac{4}{b^6} < \left(\frac{a}{b}\right)^2 < 2 + \frac{4\sqrt{2}}{b^3} + \frac{4}{b^6}$$

$$-\frac{4\sqrt{2}}{b^3} - \frac{4}{b^6} < -\frac{4\sqrt{2}}{b^3} + \frac{4}{b^6} < \left(\frac{a}{b}\right)^2 - 2 < \frac{4\sqrt{2}}{b^3} + \frac{4}{b^6}$$

$$\left| \left(\frac{a}{b}\right)^2 - 2 \right| < \frac{1}{b^3}\left(4\sqrt{2} + \frac{4}{b^3} \right) < \frac{1}{b^3}\left(4 \times 1.42 + \frac{4}{2^3} \right) = \frac{1}{b^3} \cdot 6.18 < \frac{7}{b^3}$$

$$b \left| a^2 - 2b^2 \right| < 7$$

　$\left| a^2 - 2b^2 \right| \geqq 1$ だから，$b \leqq 6$ が必要

$b = 2 \to$ ③：$2\left| a^2 - 8 \right| < 7$ 　　$a = 3$ のみこれを満たす。

$b = 3 \to$ ③：$3\left| a^2 - 18 \right| < 7$ 　$a = 4$ のみこれを満たす。

$b = 4 \to$ ③：$4\left| a^2 - 32 \right| < 7$ 　左辺は $a = 6$ で最小だが不適。

$b = 5 \to$ ③：$5\left| a^2 - 50 \right| < 7$ 　$a = 7$ のみこれを満たす。

$b = 6 \to$ ③：$6\left| a^2 - 72 \right| < 7$ 　左辺は $a = 8$ で最小だが不適。

　さらに，　①をも満たすことを確認する。

$$\left| \frac{3}{2} - \sqrt{2} \right| = \frac{3}{2} - \sqrt{2} < 1.5 - 1.41 = 0.09, \quad \frac{2}{2^3} = 0.25 \text{ より適}$$

$$\left| \frac{4}{3} - \sqrt{2} \right| = \sqrt{2} - \frac{4}{3} > 1.41 - 1.334 = 0.076, \quad \frac{2}{3^3} = 0.074 \cdots \text{ より不適。}$$

$$\left| \frac{7}{5} - \sqrt{2} \right| = \sqrt{2} - \frac{7}{5} < 1.42 - 1.4 = 0.02, \quad \frac{2}{5^3} = 0.16 \text{ より適}$$

〈注〉最後の数値計算は，不等式まで使わなくても概算値で解答可能。

【4 ポイント解説】

(3)

(1)，(2) より

$$AP \perp QR, \quad AP = QR = \frac{HC}{\sqrt{2}}$$

$$\text{面積} = \frac{1}{2} \cdot AP \cdot QR = \frac{1}{2} \cdot AP^2$$

$$AB = 3, \quad BP = \sqrt{2}, \quad \angle ABP = 75° + 45° = 120°$$

$$AP^2 = 9 + 2 - 2 \cdot 3 \cdot \sqrt{2} \cdot \frac{-1}{2} = 11 + 3\sqrt{2}$$

$$\text{面積} = \frac{1}{2} \cdot AP^2 = \frac{11 + 3\sqrt{2}}{2}$$

第9回

問Q.		問題番号 row	正解A.
I	問1	A	6
		BC	− 2
		DE	− 1
		F	5
		GHI	− 32
		JKL	552
	問2	MNOP	3132
		QR	14
		STUV	4348
		WXY	314
II	問1	ABCD	6296
		EF	74
		GHIJ	3223
		KL	21
		M	2
	問2	NO	14
		P	4
		QR	24
		ST	− 1
		UVWX	2323
		Y	9

問Q.		問題番号 row	正解A.
III		A	1
		BC	21
		D	1
		EF	11
		G	0
		H	4
		I	6
		JKLM	1111
		NOPQR	13253
IV		A	1
		B	9
		C	5
		D	5
		E	4
		FG	35

【1－1 ポイント解説】

$a < 0,\ b < 0,\ c > 0$

$3a + 3 < 0,\ 1 - \dfrac{a^2}{4} > 0 \qquad \therefore -2 < a < -1$

$D : -y = a(-x)^2 + b(-x) + c,\quad$ i.e.$y = -ax^2 + bx - c$

$E : y - q = -a(x - p)^2 + b(x - p) - c$

　　i.e. $y = -ax^2 + (2ap + b)x + (q - ap^2 - bp - c)$

$\therefore 2ap + b > 0,\ q - ap^2 - bp - c < 0$

　　i.e. $p < -\dfrac{b}{2a},\ q < ap^2 + bp + c$

これは，右図を見ると納得できる。

$-a + 3a + 3 > 0,\ \dfrac{3}{4} - \dfrac{a}{4} + \dfrac{3a + 3}{2} - 1 + \dfrac{a^2}{4} < 0$

$2a + 3 > 0,\ a^2 + 5a + 5 < 0$

$-\dfrac{3}{2} < a < \dfrac{-5 + \sqrt{5}}{2}$

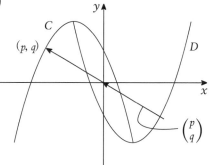

【1－2 ポイント解説】

$$d_k = \begin{cases} 0 \cdots 確率\dfrac{1}{2} \\[2mm] 1 \cdots 確率\dfrac{1}{3} \\[2mm] 2 \cdots 確率\dfrac{1}{6} \end{cases}$$

(1)　　$1 - \left(\dfrac{1}{2}\right)^5 = \dfrac{31}{32}$

　　　　$d_1 = d_2 = 0,\quad \left(\dfrac{1}{2}\right)^2 = \dfrac{1}{4}$

(2)　余事象は，$d_1 = d_2 = d_3 = 0,\ d_4 = 0or1$

　　　$1 - \left(\dfrac{1}{2}\right)^3 \cdot \dfrac{5}{6} = 1 - \dfrac{5}{48} = \dfrac{43}{48}$

(3)　条件付確率の分母は，$\dfrac{1}{4} - \dfrac{5}{48} = \dfrac{7}{48}$

分子は，$\begin{cases} 0.00100_{(3)} \text{ or} \\ \\ 0.00200_{(3)} \end{cases}$ となる確率で，$\left(\dfrac{1}{2}\right)^4 \cdot \left(\dfrac{1}{3} + \dfrac{1}{6}\right) = \dfrac{1}{32}$

$\therefore \dfrac{\dfrac{1}{32}}{\dfrac{7}{48}} = \dfrac{3}{14}$

【2－1ポイント解説】

$$(x + a + b)(x - a - b)(x + a - b)(x - a + b)$$
$$= \left\{ x^2 - (a+b)^2 \right\} \left\{ x^2 - (a-b)^2 \right\}$$
$$= x^4 - 2\left(a^2 + b^2\right) x^2 + \left(a^2 - b^2\right)^2$$
$$2\left(a^2 + b^2\right) = 12 + 4\sqrt{2}, \quad \left(a^2 - b^2\right)^2 = 8$$
$$a^2 + b^2 = 6 + 2\sqrt{2}, \quad a^2 - b^2 = 2\sqrt{2}$$
$$a^2 = 3 + 2\sqrt{2}, \quad b^2 = 3$$

【2 − 2 ポイント解説】

(1)

$$\begin{aligned}
\mathrm{PQ}^2 &= (p-q)^2 + \left(\frac{p^2}{2} - \frac{q^2}{2}\right)^2 \\
&= (p-q)^2 + \frac{1}{4}(p-q)^2(p+q)^2 \\
&= (p-q)^2 \cdot \left\{1 + \frac{1}{4}(p+q)^2\right\}
\end{aligned}$$

(2)

$$\begin{aligned}
\frac{1}{2}\left(\frac{p^2}{2} + \frac{q^2}{2}\right) &= 1 \\
p^2 + q^2 &= 4 \\
\mathrm{PQ}^2 = (4 - 2pq)&\left(1 + \frac{4 + 2pq}{4}\right) \\
&= (2 - pq)(4 + pq)
\end{aligned}$$

$$\begin{aligned}
p^2 + \frac{1}{p^2} &= 4 \\
p^4 - 4p^2 + 1 &= 0 \\
p^2 &= 2 \pm \sqrt{3}
\end{aligned}$$

$$\{p,\ q\} = \left\{\frac{1 \pm \sqrt{3}}{\sqrt{2}}\right\} \ \text{です。}$$

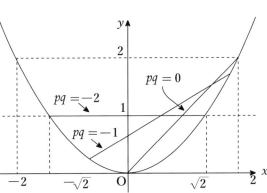

【3 ポイント解説】

$$\varphi\left(p^k \cdot q^l\right) = p^k \cdot q^l - \left(p^{k-1}q^l + p^k q^{l-1} - p^{k-1}q^{l-1}\right) \quad \text{∘∘∘ 包除原理}$$
$$= p^{k-1}q^{l-1}(pq - q - p + 1)$$
$$= p^{k-1}q^{l-1}(p-1)(q-1)$$

$$p^{k-1}q^{l-1}(p-1)(q-1) = 2^4 \cdot 3 \cdot 5^2 \cdot 13$$

両辺の最大の素因数に注目して，$q = 13$，$l - 1 = 1$ が必要。

$$p^{k-1}(p-1) = 2^2 \cdot 5^2$$

同様にして，$p = 5$，$k - 1 = 2$ が必要，かつ十分。

(3) の最後は，設問順序がヒント。

【4 ポイント解説】

$s = \sin\theta$ と略記して

$$q - p = (q + p)s, \quad q = \frac{1+s}{1-s}p$$
$$\mathrm{HI}^2 = (q + p)^2 - (q - p)^2 = 2pq$$
$$\sqrt{2pq} = \sqrt{2pr} + \sqrt{2qr}, \quad \sqrt{r} = \frac{\sqrt{pq}}{\sqrt{p} + \sqrt{q}}$$
$$q = kp より，\quad \sqrt{r} = \frac{\sqrt{pkp}}{\sqrt{p} + \sqrt{kp}} = \frac{\sqrt{k}\sqrt{p}}{1 + \sqrt{k}}$$
$$p : r = \left(\sqrt{k} + 1\right)^2 : k = 9 : 4$$
$$\left(\sqrt{k} + 1\right) : \sqrt{k} = 3 : 2 \quad \therefore k = 4$$
$$\frac{1+s}{1-s} = 4, \quad s = \frac{3}{5}$$

第 10 回

問 Q.		問題番号 row	正解 A.
I	問 1	AB	24
		CD	21
		EF	56
		G	2
		HIJ	122
		K	2
	問 2	L	8
		MN	14
		OP	14
		QRS	324
		TUV	256
		WXY	116
II	問 1	ABC	526
		DEF	124
		GHI	122
		J	5
	問 2	KL	12
		M	0
		NO	12
		P	2
		QR	14
		STU	021
		V	3

問 Q.		問題番号 row	正解 A.
III		A	6
		B	1
		CD	24
		EFG	214
		HIJ	914
		KLMN	2346
		OP	12
		QR	54
		ST	30
		U	2
		V	4
IV		A	1
		BC	32
		DEFG	2334
		HI	36
		JK	30

【1−1ポイント解説】

(1) 軸が定義域<u>外</u>にあると無理。

$$f(\pm 1) = 1 \pm b + c = 1, \quad \text{i.e.} \quad c = \mp b$$

$$f\left(-\frac{b}{2}\right) = c - \frac{b^2}{4} = -1$$

$$\begin{cases} c = -b \to b^2 + 4b - 4 = 0 \therefore b = -2 + 2\sqrt{2} \\ c = b \to b^2 - 4b - 4 = 0 \therefore b = 2 - 2\sqrt{2} \end{cases} \quad (\because |b| \leqq 2)$$

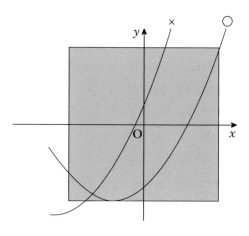

(2) 軸が定義域<u>内</u>にあると無理。

$$\begin{cases} f(1) = \dfrac{1}{4} + b + c = 1, \\ f(-1) = \dfrac{1}{4} - b + c = -1 \end{cases} \quad \text{or} \quad \begin{cases} f(1) = \dfrac{1}{4} + b + c = -1, \\ f(-1) = \dfrac{1}{4} - b + c = 1 \end{cases}$$

$$b = \pm 1, \quad c = -\frac{1}{4}$$

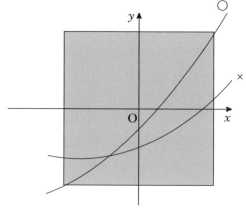

【1－2 ポイント解説】

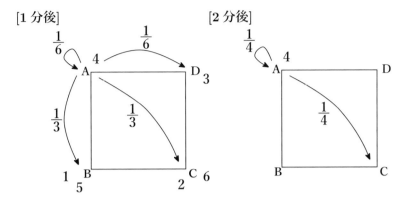

$$P\,(A \to A) = \left(\frac{1}{6}\right)^2 + 2 \cdot \frac{1}{3} \cdot \frac{1}{6} + \left(\frac{1}{3}\right)^2 = \frac{1}{4}$$

$$P\,(A \to C) = 2 \cdot \frac{1}{3} \cdot \frac{1}{6} + \left(\frac{1}{3}\right)^2 + \left(\frac{1}{6}\right)^2 = \frac{1}{4}$$

(3) 順に，次の通り：

$$1分ごと：A \underset{\frac{1}{6}}{\to} A \underset{\frac{1}{3}}{\to} C \underset{\frac{1}{6}}{\to} C \underset{\frac{1}{3}}{\to} A$$

$$2分ごと：A \underset{\frac{1}{4}}{\to} A \underset{\frac{1}{4}}{\to} C \underset{\frac{1}{4}}{\to} C \underset{\frac{1}{4}}{\to} A$$

$$2分ごと：A \underset{\frac{1}{2}}{\to} B\,or\,D \underset{\frac{1}{2}}{\to} A\,or\,C \underset{\frac{1}{2}}{\to} B\,or\,D \underset{\frac{1}{2}}{\to} A\,or\,C$$

【2－1 ポイント解説】

$$\left(5 + 2\sqrt{6}\right)x^2 + \left(5a + \sqrt{6}\right)x + 4\sqrt{6}a + 5 = 0$$

$$\begin{cases} 5x^2 + 5ax + 5 = 0, \quad \text{i.e.} \quad x^2 + ax + 1 = 0 \\ 2x^2 + x + 4a = 0 \end{cases}$$

$$(2a - 1)x + 2 - 4a = 0, \quad \text{i.e.} \quad (2a - 1)(x - 2) = 0$$

$a = \dfrac{1}{2}$ のとき，③は $2x^2 + x + 2 = 0$ となり，実数解すら持たない。

$x = 2$ のとき，②$4 + 2a + 1 = 0 \therefore a = -\dfrac{5}{2}$（有理数）

【2－2 ポイント解説】

$$\begin{aligned} f(y) &= x^2 + (y - a)^2 \\ &= y^2 + (1 - 2a)y + a^2 \\ &= \left\{ y - \left(a - \frac{1}{2}\right) \right\}^2 + a - \frac{1}{4} \end{aligned}$$

$y = 0 \to x$ は 1 個対応。$y = 2a - 1(> 0) \to x$ は 2 個対応。

$a > \dfrac{1}{2}$ のとき

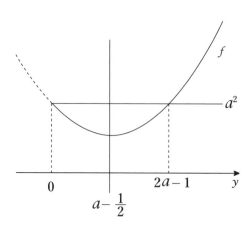

【3 ポイント解説】

「互いに素」,「共通素因数なし」,「最大公約数が 1」は同義。

互除法の原理は,等式 $a = bp + r$ が成り立てば,b と r の大小や符号に関係なく使える。

(3)　$(a+n)(a-n) = 9$, $a+n > a-n$, $a+n > 0$ より,$a+n = 9$, $a-n = 1$

　　$(b+n)(b-n) = 2$, $b+n > b-n$, $b+n > 0$ より,$b+n = 2$, $b-n = 1$

【4 ポイント解説】

$t = \tan\alpha$, $u = \tan\beta$ とおくと

$$\mathrm{OA} = \frac{1}{t}, \quad \mathrm{OB} = \frac{1}{u}, \quad \mathrm{OH} = \frac{1}{\tan\gamma}$$

$$\frac{1}{2} \cdot \mathrm{OA} \cdot \mathrm{OB} \cdot \frac{\sqrt{3}}{2} = \frac{1}{2} \cdot \mathrm{AB} \cdot \mathrm{OH}$$

$$\mathrm{AB} \cdot \mathrm{OH} = \frac{\sqrt{3}}{2} \mathrm{OA} \cdot \mathrm{OB}$$

$$\mathrm{AB} \cdot \frac{1}{\tan\gamma} = \frac{\sqrt{3}}{2} \cdot \frac{1}{t} \cdot \frac{1}{u}$$

$$
\begin{aligned}
\text{i.e.} \quad \tan\gamma &= \frac{2}{\sqrt{3}} tu \cdot \mathrm{AB} \\
&= \frac{2\sqrt{3}}{3} tu \cdot \sqrt{\frac{1}{t^2} + \frac{1}{u^2} - 2\frac{1}{t} \cdot \frac{1}{u} \cdot \frac{-1}{2}} \\
&= \frac{2\sqrt{3}}{3}\sqrt{t^2 + u^2 + tu}
\end{aligned}
$$

$$
\begin{aligned}
t^2 + u^2 + tu &= t^2 + \left(\frac{1}{\sqrt{3}} - t\right)^2 + t\left(\frac{1}{\sqrt{3}} - t\right) \\
&= t^2 - \frac{1}{\sqrt{3}} t + \frac{1}{3} \\
&= \left(t - \frac{1}{2\sqrt{3}}\right)^2 + \frac{1}{4}
\end{aligned}
$$

$$\therefore \min\tan\gamma = \frac{2}{\sqrt{3}} \cdot \sqrt{\frac{1}{4}} = \frac{1}{\sqrt{3}} \quad \left(t = \frac{1}{2\sqrt{3}} = \frac{\sqrt{3}}{6} \text{のとき}\right)$$

$$\therefore \min\gamma = 30^\circ$$

付録

啓程塾 日本留学試験（EJU）模擬試験　数学　解答用紙　［表 FRONT SIDE］

受験番号　Examinee Registration Number

名 前　Name

→ あなたの受験票と同じかどうか確かめてください。Check that these are the same as your Examination Voucher. ←

解答コース Course

コース1 Course 1	コース2 Course 2
○	○

この解答用紙に解答するコースを、一つ○で囲み、その下のマーク欄をマークしてください。
Circle the name of the course you are talking and fill in the oval under it.

（III, IV, V は裏面に書く。）(Use the reverse side for III , IV and V .)

I 解答欄 Answer

解答記号	-	0	1	2	3	4	5	6	7	8	9
A											
B											
C											
D											
E											
F											
G											
H											
I											
J											
K											
L											
M											
N											
O											
P											
Q											
R											
S											
T											
U											
V											
W											
X											
Y											
Z											

II 解答欄 Answer

解答記号	-	0	1	2	3	4	5	6	7	8	9
A											
B											
C											
D											
E											
F											
G											
H											
I											
J											
K											
L											
M											
N											
O											
P											
Q											
R											
S											
T											
U											
V											
W											
X											
Y											
Z											

【 悪い例 Incorrect Example 】

注意事項 Note

1. 必ず鉛筆（HB）で記入してください。

2. この解答用紙を汚したり折ったりしてはいけません。

3. マークは下のよい例のように、○わく内を完全に塗りつぶしてください。

Marking Examples.

よい例 Correct	悪い例 Incorrect
●	⊗ ◐ ◓ ◔

4. 訂正する場合はプラスチック消しゴムで完全に消し、消しくずを残してはいけません。

5. 解答番号は A から Z まであります。問題のあるところまで答えて、あとはマークしないで下さい。

6. 所定の欄以外には何も書いてはいけません。

7. III, IV, V の解答欄は裏面にあります。

8. この解答用紙は全て機械で処理しますので、以上の1から6までが守られていないと採点されません。

◢ 啓程塾 日本留学試験（EJU）模擬試験

数 学 解 答 用 紙

III 解答欄 Answer

IV 解答欄 Answer

V 解答欄 Answer

启程塾

最も責任感がある
留学生向けの進学塾

― 四大特徴 ―

学部文系 学部理系 大学院 芸術 語学など **豊富な コースを用意**	すべての 留学生に 最高の **学習環境を提供**	過去問題 進学情報を **徹底分析**	通信教育 ビデオ 生配信 **授業を展開**

啓程塾から
難関大学へ　**1077**名

旧帝一工神大学合格者合計	**62** 名
早稲田慶応上智合格者合計	**86** 名
GMARCH 関関同立合格者合計	**102** 名
一流国公立大学 *1 合格者合計	**75** 名
一流私立大学 *2 合格者合計	**80** 名

*1　広島大学、東京医科歯科大学、千葉大学、筑波大学等
*2　順天堂大学、日本大学、東京理科大学、東京医科大学等

※ 2021 年 3 月迄

啓程塾合格体験記
KEI TEI EDUCATION GROUP

scan

合格のヒントが
たくさんあります

KEI TEI
合格
李さん
**大阪大学
工学部**
EDUCATION

KEI TEI
合格
崔さん
**大阪大学
経済学部**
EDUCATION

KEI TEI
合格
欧陽さん
**大阪大学
経済学部**
EDUCATION

KEI TEI
合格
周さん
**東京工業大学
工学院**
EDUCATION

KEI TEI
合格
張さん
**名古屋大学
農学部**
EDUCATION

KEI TEI
合格
王さん
**早稲田大学
基幹理工学部**
EDUCATION

KEI TEI
合格
苗さん
**早稲田大学
文学部**
EDUCATION

KEI TEI
合格
陸さん
**早稲田大学
文化構想学部**
EDUCATION

KEI TEI
合格
徐さん
**早稲田大学
創造理工学部**
EDUCATION

KEI TEI
合格
楊さん
**慶應義塾大学
文学部**
EDUCATION

KEI TEI
合格
蘇さん
**慶應義塾大学
商学部**
EDUCATION

KEI TEI
合格
曹さん
**慶應義塾大学
法学部**
EDUCATION

啓程芸術学院 合格実績
KEITEI Institution of the Arts

 東京藝術大学 **12** 名

 多摩美術大学 **17** 名

 武蔵野美術大学 **11** 名

 日本大学 Nihon University College of Art **11** 名

 女子美術大学 **5** 名

 東京造形大学 **7** 名

 KOOGEI **7** 名
東京工芸大学 TOKYO POLYTECHNIC UNIVERSITY

 京都精華大学 **19** 名
seika sekai

 KYOTO UNIVERSITY OF THE ARTS
学校法人 瓜生山学園 京都芸術大学 **5** 名

 慶應義塾 Keio University **2** 名

 大阪芸術大学 **4** 名

※ 2021 年 3 月迄

予備校関係

啓程教育グループ

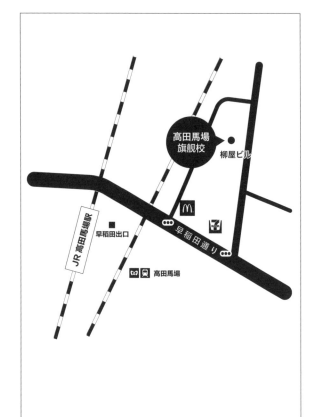

啓程塾東京校（本校）

- 📍 東京都新宿区高田馬場 2-18-6
  柳屋ビル 2 階
- 📞 03-6380-3045
- 🔔 2294302667

啓程塾北京センター

- 📍 北京市朝陽区東三環建外 SOHO
  东区 5 号楼 8 层 0803 室
- 📞 010-58695812　🔔 2294302667

啓程塾広州センター

- 📍 广州市天河区体育东路 122 号
  羊城国际商贸中心东塔 1907 室
- 📞 020-66640120　🔔 2294302667

啓程塾上海センター

📍 上海市黄浦区徐家汇路 555 号
　 广东发展银行大厦 8A
📞 021-53513553　📠 2294302667

啓程塾成都センター

📍 四川省成都市锦江区 IFS 国际金融中心
　 二号写字楼 1909 号
📞 028-60721986　📠 2294302667

啓程美術学院（芸術進学）

📍 東京都新宿区高田馬場 2-18-6 柳屋ビル B1
📞 03-6380-3045　📠 2294302667

啓程云課堂（クラウド教育）

📍 東京都新宿区高田馬場 2-18-6 柳屋ビル 2 階
📞 03-6380-3045　📠 2294302667

日本語学校関係

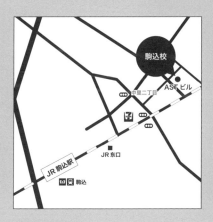

早稲田進学館

📍 東京都北区中里 2-27-1 AST ビル
📞 03-6903-6395　📠 2294302667

早稲田進学館中野校

📍 東京都杉並区高円寺南 2-53-4
📞 03-5913-7328　📠 2294302667

数学公式集

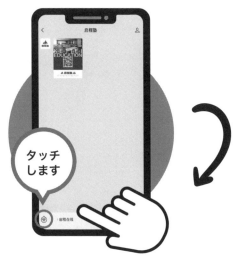

STEP 1

はじめに，WeChat（微信）で上記の
QR コードをスキャンします。

STEP 2

タッチします。

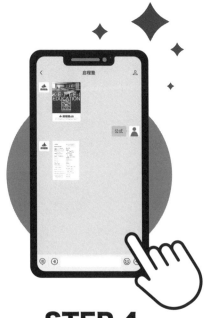

STEP 3

「公式」を入力します。

STEP 4

数学公式を確認しましょう。

日本留学試験（EJU）予想問題集

数学　コース1

2021 年 5 月 13 日　初版第 1 刷発行

著　者	啓程塾
執筆者	広瀬和之
編集者	張　健　　朱心元
発行者	李　旭
発行所	株式会社啓程

〒 169-0075　東京都新宿区高田馬場 2 丁目 18 番 6 号　柳屋ビル 2 階
TEL: 03-6380-3045
http://www.qichengshu.com/

発売所　　日販アイ・ピー・エス株式会社

〒 113-0034　東京都文京区湯島 1-3-4
TEL: 03-5802-1859　　FAX: 03-5802-1891

印刷所　　シナノ書籍印刷株式会社

ISBN978-4-910159-52-2